Hanne Andreassen Hjelmås
Torunn Steinsland

Un CONTE de Noël suédois au tricot

Photos | Hanne Andreassen Hjelmås
Illustrations | Lisa Aisato

les éditions de saxe

les éditions de saxe
13, rue Jules Verne
CS 40205 - 69630 Chaponost
www.edisaxe.com

Traduction : Céline Cantat

UN CONTE DE NOËL SUÉDOIS AU TRICOT
MLDI355 - ISBN : 978-2-7565-3-6033
Imprimé en Italie
Dépôt légal : à parution

Conception et couverture : Terese Moe Leiner
Rédaction/adaptation : Anne Vines
Photos : Hanne Andreassen Hjelmås
Dessins illustrés : Lisa Aisato
Repro : JK Morris Production, Värnamo

Sommaire

Avant-propos

En décembre 2018, nous sommes tombées amoureuses de l'histoire magique intitulée « Snøsøsteren » (la sœur des Neiges), écrite par Maja Lunde. Nous avons été marquées par les illustrations étonnantes de Lisa Aisato qui nous ont immédiatement inspirées pour tricoter les vêtements des personnages de ce livre.

Le personnage principal de l'histoire, Hedvig, porte un manteau emblématique que nous avons choisi de réaliser en deux versions. Un modèle feutré (épais et coupe-vent), et un modèle tricoté avec du fil pris en double, pour ceux qui n'osent pas faire de feutrage. Le feutrage est une technique passionnante, et si vous voulez l'essayer pour la première fois, nous vous recommandons de commencer par réaliser les moufles de Noël ou les pantoufles d'Henrik.

Le livre « la sœur des Neiges » montre plusieurs vêtements classiques, comme le pull de Julian (que nous avons choisi de faire dès 6 mois) jusqu'à la version adulte qu'Henry porte dans ce livre. Nous avons créé plusieurs vêtements d'hiver simples qui conviendront à toute la famille, mais aussi les vêtements distinctifs d'Hedvig, comme le chemisier avec col et la robe à manches ¾.

Ce projet est une nouvelle expérience pour nous. Pour la première fois, nous nous sommes basées sur des motifs existants d'une autre plutôt que sur nos propres idées. C'était excitant, stimulant et instructif. Là où nous commencions par la génèse du modèle (de l'idée au modèle), ici nous avons dû inventer à partir d'illustrations (et donc du résultat). Cela s'est soldé par des essais et des erreurs, mais nous sommes très satisfaites du résultat et nous espérons que nous avons réussi à capter l'essence des belles réalisations de Lisa Aisato.

Nous attendons avec impatience un autre mois de décembre où nous pourrons sortir le livre « la sœur des Neiges » et le lire à toute la famille, ce qui est devenu une tradition. Peut-être serez-vous aussi inspiré que nous pour prendre des aiguilles à tricoter et faire quelques-uns des ces vêtements ?

Manteau feutré d'Hedvig

Niveau 3

Ce manteau en forme de cape est chaud et épais avec de jolis détails issus de la version illustrée d'Hedvig.

Tailles
(1) 2 (4) 6 (8) ans
Fil
KlompeLOMPE SPØT, coloris 4236
Quantité de fil
(450) 500 (550) 650 (700) g
Aiguille
Circulaire n°8 de 80 cm
Échantillon avant feutrage
13 mailles & aiguilles n°8 = 10 cm
Échantillon après feutrage
21 mailles = 10 cm
Dimensions après feutrage
Tour de poitrine : ± (65) 71 (74) 78 (82) cm
Hauteur totale : ± (45) 50 (54) 57 (63) cm

Faire plusieurs échantillons avant de tricoter et de feutrer le modèle. En effet, le feutrage peut différer en fonctions des machines à laver.
Faire des échantillons de 20 m. et 20 rgs. Après feutrage, ils doivent mesurer environ 9,5 cm de large et 6 cm de haut.
Note : les parties les plus grandes se feutrent davantage, c'est pourquoi le corps est un peu plus long pour être à la bonne dimension après feutrage.

MANCHES

Monter (46) 46 (46) 48 (48) m.
Fermer et continuer en jersey end. en rond.

À 11 cm de HT, pour le **biais** :
T d'aug. : 1 m. end., 1 aug.I, à l'end. jusqu'à 1 m. du bord, 1 aug.I, 1 m. end.
Au total, répéter (3) 3 (4) 4 (5) fs ce T d'aug. ts les 11 cm
= (52) 52 (54) 56 (58) m.
À (37) 44 (52,5) 58 (63) cm de HT, pour l'**aisselle**, rabattre de chaque côté : 1 x 4 m.
= (44) 44 (46) 48 (50) m.
Mettre les m. en attente et tricoter une **autre manche** identique.

CORPS

Monter (208) 224 (234) 242 (254) m.
Tricoter en jersey end. en rgs.
À (30) 32 (35) 36 (39) cm de HT, diminuer ainsi :
R suiv. (sur l'end. du trav.) : (44) 48 (48) 52 (54) m. end., *1 dim., 7 m. end.*, au total, répéter (13) 14 (15) 15 (16) fs *–*, 1 dim., (45) 48 (49) 53 (54) m. end
= (194) 209 (218) 226 (237) m.

À (39) 42 (36) 48 (52) cm de HT, diminuer ainsi :
R suiv. (sur l'end. du trav.) : (44) 47 (48) 52 (53) m. end., *1 dim., 6 m. end.*, au total répéter (13) 14 (15) 15 (16) fs *–*, 1 dim., (44) 48 (48) 52 (54) m. end.
= (180) 194 (202) 210 (220) m.

À (48) 53 (47) 60 (65) cm de HT, diminuer ainsi :
R suiv. (sur l'end. du trav.) :
(43) 48 (48) 51 (53) m. end., *1 dim., 5 m. end.*, au total, répéter (13) 14 (15) 15 (16) fs *–*, 1 dim., (44) 48 (48) 52 (53) m. end.
= (166) 179 (186) 194 (203) m.

À (58) 64 (70) 72 (78) cm de HT, diminuer ainsi :
R suiv. (sur l'end. du trav.) :
(43) 46 (47) 51 (52) m. end., *1 dim., 4 m. end.*, au total, répéter (13) 14 (15) 15 (16) fs *–*, 1 dim., (43) 47 (47) 51 (53) m. end.
= (152) 164 (170) 178 (186) m.

Puis, séparer l'ouvrage ainsi :
R suiv. (sur l'end. du trav.) :
(39) 42 (44) 46 (48) m. end. (= **demi-devant**), rabattre 8 m., (58) 64 (66) 70 (74) m. end. (= **dos**), rabattre 8 m., (39) 42 (44) 46 (48) m. end. (= **demi-devant**).

Réunir les manches et le corps

sur l'aig. circ., ainsi : 1 demi-devant, placer 1 repère, 1 manche, placer 1 repère, le dos, placer 1 repère, 1 manche, placer 1 repère, 1 demi-devant = (224) 236 (246) 258 (270) m. et 4 repères.
Continuer en rgs.

Pour les **raglans des manches** diminuer ainsi :
R suiv. (sur l'end. du trav.) :
tricoter jusqu'au repère du début de manche, 1 SS, à l'end. jusqu'à 2 m. du repère suiv. (= fin de manche), 1 dim., répéter *–*, terminer à l'end.
= 2 m. diminuées par manche.
Répéter (15) 15 (16) 16 (16) fs ces dim. ts les 2 rgs (sur l'end. du trav.) = (14) 14 (14) 16 (18) m. par manche.

SIMULTANÉMENT, pour les **raglans des demi-devants et du dos**, diminuer ainsi :
R suiv. (sur l'end. du trav.) :
tricoter jusqu'à 2 m. du repère, 1 dim., à l'end. jusqu'au repère de début du dos, 1 SS, à l'end. jusqu'à 2 m. du repère suiv., 1 dim., à l'end. jusqu'au repère du début de l'autre demi-devant, 1 SS, terminer à l'end. (ATTENTION, ne pas oublier les raglans des manches).
Répéter ce rg de dim. 2 rgs plus haut (sur l'end. du trav.).

Puis, pour les **raglans des demi-devants et du dos** (diminuer à chaque rg) :
Sur l'end. du trav. : *tricoter à l'end. jusqu'à 2 m. du repère concerné, 1 dim., à l'end. jusqu'au repère suiv. concerné, 1 SS*, répéter *–*, terminer à l'end.
Sur l'env. du trav. : *tricoter à l'env. jusqu'à 2 m. du repère concerné, 1 dim. env. torse , à l'env. jusqu'au repère suiv. concerné, 1 dim. env.*, répéter *–*, terminer à l'env.

Après (8) 8 (10) 12 (14) répétitions des dim. pour les demi-devants et le dos, au rg suiv. (sur l'end. du trav.), pour l'**encolure**, rabattre de chaque côté :
1 x 16 m. (sans oublier les dim. des raglans).
Pour les **épaules**, continuer les dim. des raglans des demi-devants et du dos sur chaque rg, MAIS avec 1 dim. supplémentaire, côté encolure ts les 2 rgs sur l'end. du trav.
Poursuivre les dim. des raglans jusqu'à avoir 2 m. pour chaque demi-devant.
Tricoter 1 rg à l'end. sur l'end. du trav.

COL (sur l'env. du trav.)
Relever 4 m. sur les 4 des 16 m. rabattues de l'encolure (côté épaule) du 1er demi-devant, tricoter les m. restantes du haut du corps (à l'env.), et relever 4 m. sur les 4 des 16 m. rabattues de l'encolure de l'autre demi-devant.

Tricoter 2 rgs en jersey.

*Tricoter 1 rg à l'env.
Tricoter 1 rg à l'end. en répartissant régulièrement 8 aug.*
Répéter 7 fs *–*.
Tricoter 2 rgs en jersey, en rabattant les m. sur le dernier rg.

Rentrer les fils.

Martingale

Monter 18 m. et tricoter 24 cm en jersey end. en rgs avant de rabattre les m.

Feutrage

Laver le manteau et la martingale à la machine à laver, à 40°C avec de la lessive ordinaire (de préférence à 1600 tours).
Étirer et donner sa forme au manteau encore humide et le laisser sécher à plat.
Comme chaque machine est différente, il faudra peut-être accentuer le feutrage au sèche-linge, en le sortant régulièrement jusqu'à obtenir la taille voulue.

ASTUCE : si certaines parties du manteau sont trop feutrées, utiliser un après-shampoing (démélant) pour défeutrer.

Coudre 6 boutons-pression.
Coudre 8 boutons décoratifs.

Donner à la martingale sa forme de nœud et la coudre fermement au sommet des diminutions du dos.

Bonnet d'Hedvig

Niveau 2

Ce bonnet en forme de béret français, est agréablement chaud. Il est ajusté grâce au feutrage et à son large bord en côtes 1/1.

TAILLES
(6 mois) 1-3 ans (4-8 ans) 10-12 ans
FIL
KlompeLOMPE SPØT, coloris 4236
QUANTITÉ DE FIL
(100) 100 (100) 100 g
AIGUILLES
Circulaires n°8, 60 cm et 80 cm
Jeu d'aiguilles à 2 pointes n°3
ÉCHANTILLON AVANT FEUTRAGE
13 mailles & aiguilles n°8 = 10 cm
ÉCHANTILLON APRÈS FEUTRAGE
21 mailles = 10 cm

Tricoter en rond avec l'aig. circ. n°8.
Monter (72) 76 (80) 84 m.
et tricoter 5 T à l'end.
avec la technique « magic loop ».
T suiv.: *4 m. end., 1 aug.I*, répéter *–* tt le T.
Tricoter 1 T à l'end.
T suiv.: *5 m. end., 1 aug.I*, répéter *–* tt le T.
Tricoter 2 T à l'end.
T suiv.: *6 m. end., 1 aug.I*, répéter *–* tt le T.
Tricoter 3 T à l'end.
T suiv.: *7 m. end., 1 aug.I*, répéter *–* tt le T.
Tricoter 4 T à l'end.

Uniquement pour les tailles 1–3 ans (4–8 ans) 10–12 ans
T suiv.: *8 m. end., 1 aug.I*, répéter *–* tt le T.
Tricoter (–) 5 (5) 7 T à l'end.
T suiv.: *7 m. end., 1 dim.*, répéter *–* tt le T.
Tricoter 4 T à l'end.

Pour toutes les tailles
T suiv.: *6 m. end., 1 dim.*, répéter *–* tt le T.
Tricoter 3 T à l'end.
T suiv.: *5 m. end., 1 dim.*, répéter *–* tt le T.
Tricoter 2 T à l'end.
T suiv.: *4 m. end., 1 dim.*, répéter *–* tt le T.
Tricoter 2 T à l'end.
T suiv.: *3 m. end., 1 dim.*, répéter *–* tt le T.
Tricoter 2 T à l'end.
T suiv.: *6 m. end., 1 dim.*, répéter *–* tt le T, en terminant par (0) 4 (0) 4 m. end.
Tricoter 2 T à l'end.
T suiv.: *5 m. end., 1 dim.*, répéter *–* tt le T, en terminant par (0) 4 (0) 4 m. end.
Tricoter 2 T à l'end.
T suiv.: *4 m. end., 1 dim.*, répéter *–* tt le T, en terminant par (0) 4 (0) 4 m. end.
Tricoter 2 T à l'end.
T suiv.: *3 m. end., 1 dim.*, répéter *–* tt le T, en terminant par (0) 4 (0) 4 m. end.
Tricoter 2 T à l'end.
T suiv.: *2 m. end., 1 dim.*, répéter *–* tt le T.
Tricoter 2 T à l'end.
T suiv.: *1 m. end., 1 dim.*, répéter *–* tt le T.
Tricoter 1 T à l'end.
T suiv.: *1 dim.*, répéter *–* tt le T.

Couper et passer le fil dans les dernières m. pour resserrer.

FEUTRAGE
Laver à la machine à 40°C avec de la lessive (de préférence à 1600 tours). Comme chaque machine est différente, il faudra peut-être accentuer le feutrage dans un sèche-linge, en le sortant régulièrement jusqu'à obtenir la taille voulue.

Après le feutrage

Donner sa forme
au bonnet quand il est encore humide.
Sans le laisser sécher, relever des m. sur le bord ainsi : pour faciliter le trav., diviser le béret en 4 parties égales, en mettant des marqueurs. Relever régulièrement (72) 76 (80) 84 m. avec les aig. n°3, (en augmentant ou en diminuant le nombre de m., si nécessaire lors du T1).
Tricoter 10 T en côtes 1/1 (= alterner 1 m. end. et 1 m. env. sur tt le T).

Rabattre souplement ttes les m.

Rentrer les fils.

Chemisier d'Hedvig

Niveau 2

Un joli petit chemisier avec des manches bouffantes et un col Claudine, pour ajouter une touche années 50.

Tailles
(1) 2 (3) 4 (6) 8 (10) ans

Fil
KlompeLOMPE Tynn Merinoull,
coloris A : 4554, coloris B : 2650

Quantité de fil
Coloris A : (100) 150 (150) 150 (200) 200 (250) g
Coloris B : 50 g pour toutes les tailles

Aiguilles
Circulaires n°2,5 et n°3, 40 cm et 80 cm.

Échantillon
27 mailles & aiguilles n°3 = 10 cm

Dimensions
Tour de poitrine : ± (52) 55 (58) 60 (62) 64 (66,5) cm
Hauteur totale : ± (30) 34 (37) 39 (41) 43 (45) cm

Se travaille en rond, de bas en haut (en commençant par la taille).

BAS DU CORPS

Monter (140) 148 (156) 162 (168) 172 (180) m. avec l'aig. circ. n°3 et le col. A.
Tricoter 9 T à l'end.
T suiv. : *1 dim., 1 jeté*, répéter *–* tt le T (= pliure).
Tricoter 6 T à l'end.
Avec le col. B, tricoter 2 T à l'end.
T suiv. : *1 m. end. avec le col. A, 1 m. end. avec le col. B*, répéter *–* tt le T.
Continuer avec le col. A.
Tricoter 1 T à l'end.
Tricoter 1 T à l'end., en prenant en même temps les m. du montage (= ourlet ; si c'est trop difficile, coudre l'ourlet lors des finitions).
Continuer en jersey en rond pendant (20) 23 (26) 28 (30) 32 (34) cm depuis l'ourlet.
T suiv. : rabattre 8 m. (= **aisselle**), (62) 66 (70) 73 (76) 78 (82) m. end. (= **devant**), rabattre 8 m. (= **aisselle**), tricoter (62) 66 (70) 73 (76) 78 (82) m. end. (= **dos**).
Laisser les m. de chaque côté en attente.

MANCHES

Monter (50) 52 (54) 54 (58) 60 (62) m. avec l'aig. circ. n°2,5.
Tricoter 6 T à l'end.
T suiv. : *1 dim., 1 jeté*, répéter *–* tt le T.
Tricoter 3 T à l'end.
Avec le col. B, tricoter 2 T à l'end.
T suiv. : *1 m. end. avec le col. A, 1 m. end. avec le col. B*, répéter *–* tt le T.
Tricoter 1 T à l'end.
T suiv. : à l'end., en prenant en même temps les m. du montage (= ourlet ; voir remarque plus haut).
Continuer avec l'aig. circ. n°3.
T suiv. : *1 aug., 1 m. end.*, répéter *–* tt le T = (75) 78 (81) 81 (87) 90 (93) m.
Tricoter 4 T à l'end.
T suiv. : à l'end. jusqu'à 4 m. du bord, tourner, à l'env. jusqu'à 4 m. du bord, tourner, à l'end. sur ttes les m.
Tricoter 1 T à l'end.
T suiv. : à l'end. jusqu'à 6 m. du bord, tourner, à l'env. jusqu'à 6 m. du bord, tourner, à l'end. sur ttes les m.
Tricoter 1 T à l'end.
T suiv. : rabattre 4 m. en début et fin de T (soit 8 m. en tt) = (67) 70 (73) 73 (79) 82 (85) m.

Réunir les manches et le corps

sur l'aig. circ. n°3 (en commençant par la manche gauche et en plaçant un repère entre chaque partie).
Tricoter 2 T à l'end.
T suiv. : *1 SS, à l'end. jusqu'à 2 m. du repère, 1 dim.*, répéter *–* tt le T.
Au total, répéter 3 fs ce T de dim. ts les T, puis 2 fs ts les 2 T.

Pour les **raglans des manches :**
T suiv. : 1 SS, à l'end. jusqu'à 2 m. du repère de manche, 1 dim., à l'end jusqu'au repère suiv., 1 SS, à l'end. jusqu'à 2 m. du repère de manche, 1 dim., terminer à l'end.
Au total, répéter 8 fs ces dim. ts les T.

DEVANT

T suiv. : [1 SS, à l'end. jusqu'à 2 m. du repère, 1 dim.] (= raglan manche), (17) 19 (21) 22 (22) 23 (24) m. end., tricoter les (18) 18 (18) 19 (22) 22 (24) m. suiv. sur 1 aig. aux. (= **encolure devant**), (17) 19 (21) 22 (22) 23 (24) m. end., [1 SS, à l'end. jusqu'à 2 m. du repère, 1 dim.] (= raglan manche), terminer à l'end.
Couper le fil.

Rattacher le fil sur le côté du demi-devant droit sur l'end. du trav. Continuer en jersey en rgs.

Sur l'end. du trav. :
1 dim., *à l'end. jusqu'au repère, 1 SS, à l'end. jusqu'à 2 m. du repère, 1 dim.*, répéter *–* (= raglans manches), à l'end. jusqu'à 2 m. du bord, 1 SS.

Sur l'env. du trav. :
glisser successivement 2 m. end., les remettre sur l'aig. gauche, tricoter 1 dim. env. torse, *à l'env. jusqu'au repère, 1 dim. env., à l'env. jusqu'à 2 m. du repère, glisser successivement 2 m. end., les remettre sur l'aig. gauche, 1 dim. env. torse*, répéter *–* (= raglans manches), à l'env. jusqu'à 2 m. du bord, 1 dim. env.

Tricoter 4 rgs selon ce principe.

R suiv. (end. du trav.) : 1 dim., à l'end. jusqu'au repère, 1 SS, tricoter les m. 2 par 2, (tt en les rabattant au fur et à mesure), jusqu'à 1 m. du repère suiv., remettre la m. de l'aig. droite sur l'aig. gauche, 1 dim., à l'end. jusqu'au repère suiv., 1 SS, à l'end. jusqu'à 1 m. du repère suiv., 1 dim., tricoter les m. 2 par 2, (tt en les rabattant au fur et à mesure), jusqu'à 1 m. du repère suiv., remettre la m. de l'aig. droite sur l'aig. gauche, 1 dim., à l'end. jusqu'à 2 m. du bord, 1 SS.
NOTE : les m. des manches sont ttes rabattues.

Demi-devant gauche

*tricoter 1 rg à l'env. (sur l'env. du trav.).
R suiv. : à l'end. jusqu'à 2 m. du bord, 1 SS.*
Répéter *–*.
Tricoter (4) 4 (4) 4 (4) 6 (6) R en jersey, en rabattant les m. lors du dernier R.

Demi-devant droit

Reprendre les m. et *tricoter 1 rg à l'env. (sur l'env. du trav.).
R suiv. : 1 dim., terminer à l'end.*
Répéter *–*.
Tricoter (4) 4 (4) 4 (4) 6 (6) R en jersey, en rabattant les m. lors du dernier R.

DOS

En commençant sur l'env. du trav., tricoter 2 R en jersey end. en rgs.
R suiv. : (13) 15 (17) 18 (18) 19 (20) m. env., tricoter (26) 26 (26) 27 (30) 30 (32) m. env. sur 1 aig. aux. (= **encolure dos**), (13) 15 (17) 18 (18) 19 (20) m. env.

Épaule droite

*R suiv. (end. du trav.) : à l'end. jusqu'à 2 m. du bord, 1 SS.
Tricoter 1 R à l'env.*
Répéter *–*.
Tricoter (0) 0 (0) 0 (0) 2 (2) R en jersey end.
Tricoter 1 R à l'end. en rabattant les m. en même temps.

Épaule gauche

*R suiv. (end. du trav.) : 1 dim., terminer à l'end.
Tricoter 1 R à l'env.*
Répéter *–*.
Tricoter (0) 0 (0) 0 (0) 2 (2) R en jersey end.
Tricoter 1 R à l'end. en rabattant les m. en même temps.

Coudre les épaules à pts cachés. Puis assembler le haut des manches à pts cachés comme le montrent les photos ci-dessous.

COL

Commencer au milieu du dos.
Tricoter (13) 13 (13) 14 (15) 15 (16) m. end. des (26) 26 (26) 27 (30) 30 (32) m. en attente du dos, relever (13) 13 (13) 13 (13) 17 (17) m. sur l'épaule, tricoter les (18) 18 (18) 19 (22) 22 (24) m. des m. en attente de l'encolure du devant, relever (13) 13 (13) 13 (13) 17 (17) m. sur l'épaule, tricoter les (13) 13 (13) 13 (15) 15 (16) dernières m. du dos à l'end.
= (70) 70 (70) 72 (78) 86 (90) m.

Avec le col. B, tricoter 2 T à l'end.

Séparer le col en 2 sur des aig. distinctes, soit (35) 35 (35) 36 (39) 43 (45) m. pour chaque partie.

Demi-col gauche

Avec les aig. n°2,5 : tricoter les m. à l'end., et relever souplement les m. du dos (voir photos 1 & 2), avec 1 m. sur chaque m. Tricoter en rond selon la technique « magic loop ». Placer un repère pour séparer le dos du devant du demi-col gauche.
NOTE : pour la suite, répartir régulièrement les aug., SANS les placer les unes au-dessus des autres.

*1 T à l'end., en répartissant régulièrement 6 aug.
(3 sur le devant et 3 sur le dos du demi-col).
Tricoter 1 T à l'end.*
Au total, répéter 6 fs *–*.
T suiv. : à l'end. avec 3 aug. régulièrement réparties jusqu'à 3 m. du repère, 1 SS, 2 m. end., 1 dim., à l'end. avec 3 aug. régulièrement réparties.

T suiv. : à l'end. jusqu'à 3 m. du repère, 1 SS, 2 m. end., 1 dim., terminer le T à l'end.

T suiv. : 1 m. end., 1 dim., à l'end. avec 3 aug. régulièrement réparties jusqu'à 3 m. du repère, 1 SS, 2 m. end., 1 dim., à l'end. avec 3 aug. régulièrement réparties jusqu'à 3 m. du repère, 1 SS, 1 m. end.

T suiv. : 1 m. end., 1 dim., à l'end. jusqu'à 3 m. du repère, 1 SS, 2 m. end., 1 dim., à l'end. jusqu'à 3 m. du repère, 1 SS, 1 m. end.

Fermer le dos et le devant du demi-col ainsi :
aiguille sur l'avant : piquer l'aig. à laine dans la 1re m. par l'avant et dans la 2de m. par l'arrière, relâcher la 1re m. (voir photos).
aiguille sur l'arrière : piquer l'aig. à laine dans la 1re m. par l'avant et dans la 2de m. par l'arrière, relâcher la 1re m. Répéter ce processus sur ttes les m.

Tricoter le **demi-col droit** comme le demi-col gauche, MAIS en vis-à-vis.

Rentrer les fils, et fermer l'ouverture des aisselles.

Repasser le vêtement à la vapeur ou dans un linge humide pour le mettre en forme.

Jupe d'Hedvig

Niveau 1

Une jupe classique avec un joli ourlet dentelé
en haut et en bas.

Tailles
(1) 2 (4) 6 (8) 10 (12-14) ans
Fil
KlompeLOMPE Tynn Merinoull, coloris 9871
Quantité de fil
(150) 150 (200) 200 (200) 250 (300) g
Aiguilles
Circulaires n°2,5 et n°3, de 40 cm et de 60 cm
Échantillon
27 mailles & aiguilles n°3 = 10 cm
Dimensions
Taille : ± (54) 55,5 (55,5) 57,5 (61) 63 (63) cm
Hauteur totale : ± (26) 30 (34) 36 (38) 43 (46) cm

Se tricote en rond, de la taille vers le bas.

Monter (144) 150 (150) 154 (164) 170 (170) m. avec l'aig. circ. n°2,5.
Fermer en rond et tricoter 4,5 cm en jersey end.
T suiv. (= pliure) : *1 dim., 1 jeté*, répéter *–* tt le T.
Tricoter 4,5 cm à l'end.
Tricoter 1 T à l'end., en prenant en même temps les m. du montage (= ourlet ; si c'est trop difficile, coudre l'ourlet lors des finitions), tt en faisant 1 aug. pour les **tailles (1 an) 6 ans (8 ans)**.

Continuer avec l'aig. circ. n°3.
T suiv. : *5 m. end., 1 aug.*, répéter *–* tt le T = (174) 180 (180) 186 (198) 204 (204) m.
Tricoter 3 cm à l'end.

T suiv. :*6 m. end., 1 aug.*, répéter *–* tt le T = (203) 210 (210) 217 (231) 238 (238) m.
Tricoter 4 cm à l'end.

T suiv. : *7 m. end., 1 aug.*, répéter *–* tt le T = (232) 240 (240) 248 (264) 272 (272) m.
Tricoter 5 cm à l'end.

T suiv. : *8 m. end., 1 aug.*, répéter *–* tt le T = (261) 270 (270) 279 (297) 306 (306) m.

Tricoter en jersey end. pendant (26) 30 (34) 36 (38) 43 (46) cm depuis l'ourlet, en diminuant (1) 0 (0) 1 (1) 0 (0) m. lors du dernier T.

T suiv. (= pliure) : *1 dim., 1 jeté*, répéter *–* tt le T.

Tricoter 5 cm à l'end. en rabattant les m. au dernier T.

Replier l'ourlet et le coudre souplement sur l'env. du trav.

Rentrer les fils et repasser à la vapeur.

Bonnet de Julian

Niveau 2

Ce bonnet tout doux, réalisé en côtes 1/1
avec 2 fils pris ensemble et de grosses aiguilles,
se tricote en un clin d'œil !

Tailles
(6–12 mois) 1–3 ans (4–6 ans)
8–14 ans (adulte)

Fil
KlompeLOMPE SPØT, coloris A : 1013, coloris B : 1042 et Sandnes garn Børstet Alpakka, coloris : 1042

Quantité de fil
SPØT, coloris A et B : 50 g
ou une fin de pelote des deux
Børstet Alpakka, coloris C : 50 g

Aiguilles
Circulaire n°5, 40 cm
Jeu d'aiguilles à 2 pointes n°5.

Échantillon
16 mailles & aiguilles n°5 = 10 cm

Monter souplement (60) 66 (66) 72 (72) m. avec l'aig. circ. n°5 et 1 fil qualité KlompeLOMPE SPØT col. A + 1 fil Sandnes garn Børstet Alpakka pris ensemble. Fermer en rond et tricoter 14 T en côtes 1/1 (= alterner 1 m. end. et 1 m. env.). Inverser le sens des côtes 1/1 (= alterner 1 m. env. et 1 m. end.). Tricoter 4 T selon cet ordre.

Remplacer le col. A par le col. B, tt en conservant le fil Sandnes, continuer en côtes 1/1.

À (10) 11 (12) 14 (16) cm de HT, diminuer ainsi :
Note : il y aura 2 m. end. (ou env.) consécutives ts les 2 T du fait des dim.

Pour les tailles 8–14 ans (adulte)
T suiv. : *9 m. en côtes 1/1, 1 SS, 11 m. en côtes 1/1, 1 dim.*, répéter *–* tt le T.
Tricoter 1 T en côtes 1/1.

Pour les tailles 1–3 ans (4–6 ans) 8–14 ans (adulte)
T suiv. : *9 m. en côtes 1/1, 1 SS, 9 m. en côtes 1/1, 1 dim.*, répéter *–* tt le T.
Tricoter 1 T en côtes 1/1.

Pour toutes les tailles
T suiv. : *9 m. en côtes 1/1, 1 SS, 7 m. en côtes 1/1, 1 dim.*, répéter *–* tt le T.
Tricoter 1 T en côtes 1/1.

T suiv. : *9 m. en côtes 1/1, 1 SS, 5 m. en côtes 1/1, 1 dim.*, répéter *–* tt le T.
Tricoter 1 T en côtes 1/1.

T suiv. : *9 m. en côtes 1/1, 1 SS, 3 m. en côtes 1/1, 1 dim.*, répéter *–* tt le T.
Tricoter 1 T en côtes 1/1.

T suiv. : *9 m. en côtes 1/1, 1 SS, 1 m. end., 1 dim.*, répéter *–* tt le T.

T suiv. : *9 m. en côtes 1/1, 1 SD*, répéter *–* tt le T.

T suiv. : *2 m. en côtes 1/1, 1 dim., 1 m. env., 1 SS env., 3 m. en côtes 1/1*, répéter *–* tt le T.

T suiv. : *1 m. en côtes 1/1, 1 dim., 1 m. env., 1 SS env., 2 m. en côtes 1/1*, répéter *–* tt le T.

T suiv. : *1 dim., 1 m. env., 1 SS env., 1 m. end.*, répéter *–* tt le T.

T suiv. : *1 SS*, répéter *–* tt le T.

Couper le fil et le passer dans les m. du dernier T pour resserrer.

Rentrer les fils et mettre en forme dans un linge humide.

Écharpe d'hiver

Niveau 1

Un modèle simple, à la portée de tous. Ici, la longueur et la largeur sont faciles à modifier selon ses besoins.

TAILLES
3–5 (6–12) ans
FIL
KlompeLOMPE SPØT, coloris 1042
QUANTITÉ DE FIL
150 (200) g
AIGUILLE
Circulaire n°3,5, 80 cm
ÉCHANTILLON
22 mailles & aiguilles n°3,5 = 10 cm

Tricoter l'écharpe en rond selon la technique « magic loop ».

Monter 42 (54) m. Fermer en rond et tricoter en jersey pendant 150 (175) cm de HT, rabattre les m.

Poser le trav. à plat, et fermer les ouvertures aux extrémités.

Rentrer les fils.
Repasser légèrement à la vapeur (ou mettre en forme dans un linge humide).

Nounours d'Augusta

Niveau 2

Un bon gros ours en peluche bien douillet !

Dimensions
± 47 cm
Fil
Version gris/beige : KlompeLOMPE Tynn Merinoull, coloris 2650 et Sandnes garn Børstet Alpakka, coloris 2650
Version marron : KlompeLOMPE Tynn Merinoull, coloris 2336 et Sandnes garn Børstet Alpakka, coloris 2543
Quantité de fil
KlompeLOMPE Tynn Merinoull : 100 g
Sandnes garn Børstet Alpakka : 150 g
Rembourrage
± 350 g de rembourrage synthétique
Aiguille
Circulaire n°3,5, 80 cm (magic loop)
Échantillon
16 mailles & aiguilles n°3,5 = 10 cm

Tricoter avec 1 fil de chaque qualité pris ensemble pour chaque version.

CORPS

Note : rembourrer le corps au fur et à mesure.

Monter 6 m. avec l'aig.
Fermer en rond et tricoter avec la technique « magic loop ».
Faire 1 T à l'end.

T suiv. : *1 aug. (= 2 m. en 1)*, répéter *–* tt le T = 12 m.
Tricoter 1 T à l'end.
T suiv. : *2 m. end., 1 aug.I*, répéter *–* tt le T = 18 m.
Tricoter 1 T à l'end.
T suiv. : *3 m. end., 1 aug.I*, répéter *–* tt le T = 24 m.
Tricoter 1 T à l'end.

T suiv. : *4 m. end., 1 aug.I*,
répéter *–* tt le T = 30 m.
Tricoter 1 T à l'end.
T suiv. : *5 m. end., 1 aug.I*,
répéter *–* tt le T = 36 m.
Tricoter 1 T à l'end.
T suiv. : *6 m. end., 1 aug.I*,
répéter *–* tt le T = 42 m.
Tricoter 1 T à l'end.
T suiv. : *7 m. end., 1 aug.I*,
répéter *–* tt le T = 48 m.
Tricoter 1 T à l'end.
T suiv. : *8 m. end., 1 aug.I*,
répéter *–* tt le T = 54 m.
Tricoter 1 T à l'end.
T suiv. : *9 m. end., 1 aug.I*,
répéter *–* tt le T = 60 m.

Tricoter 9 cm en jersey.
T suiv. : *8 m. end., 1 dim.*,
répéter *–* tt le T = 54 m.
T suiv. : *7 m. end., 1 dim.*,
répéter *–* tt le T = 48 m.
T suiv. : *6 m. end., 1 dim.*,
répéter *–* tt le T = 42 m.
T suiv. : *5 m. end., 1 dim.*,
répéter *–* tt le T = 36 m.
T suiv. : *4 m. end., 1 dim.*,
répéter *–* tt le T = 30 m.
T suiv. : *3 m. end., 1 dim.*,
répéter *–* tt le T = 24 m.
T suiv. : *2 m. end., 1 dim.*,
répéter *–* tt le T = 18 m.

Tricoter 3 T à l'end.
T suiv. : *2 m. end., 1 aug.I*,
répéter *–* tt le T = 27 m.
Tricoter 2 T à l'end.
T suiv. : *3 m. end., 1 aug.I*,
répéter *–* tt le T = 36 m.
Tricoter 2 T à l'end.
T suiv. : *4 m. end., 1 aug.I*,
répéter *–* tt le T = 45 m.
Tricoter 2 T à l'end.
T suiv. : *5 m. end., 1 aug.I*,
répéter *–* tt le T = 54 m.
Tricoter 3 T à l'end.
T suiv. : *6 m. end., 1 aug.I*,
répéter *–* tt le T = 63 m.
Tricoter 12 T à l'end.
T suiv. : *7 m. end., 1 aug.I*,
répéter *–* tt le T = 72 m.
Tricoter 6 T à l'end.
T suiv. : *8 m. end., 1 aug.I*,
répéter *–* tt le T = 80 m.
Tricoter 10 T à l'end.

T suiv. : *7 m. end., 1 dim.*,
répéter *–* tt le T = 72 m.
Tricoter 2 T à l'end.
T suiv. : *6 m. end., 1 dim.*,
répéter *–* tt le T = 63 m.
Tricoter 2 T à l'end.
T suiv. : *5 m. end., 1 dim.*,
répéter *–* tt le T = 54 m.
Tricoter 2 T à l'end.
T suiv. : *4 m. end., 1 dim.*,
répéter *–* tt le T = 45 m.
Tricoter 2 T à l'end.
T suiv. : *3 m. end., 1 dim.*,
répéter *–* tt le T = 36 m.
Tricoter 2 T à l'end.
T suiv. : *2 m. end., 1 dim.*,
répéter *–* tt le T = 27 m.
Tricoter 1 T à l'end.
T suiv. : *1 m. end., 1 dim.*,
répéter *–* tt le T = 18 m.
Tricoter 1 T à l'end.
T suiv. : *1 dim.*,
répéter *–* tt le T = 9 m.
Couper le fil et le passer dans les m. du dernier T pour resserrer.

MUSEAU

Monter 6 m. avec l'aig. circ. n°3,5.
Tricoter en rond. Faire 1 T à l'end.
T suiv. : *1 aug. (= 2 m. en 1)*,
répéter *–* tt le T = 12 m.
Tricoter 1 T à l'end.
T suiv. : *2 m. end., 1 aug.I*,
répéter *–* tt le T = 18 m.
Tricoter 1 T à l'end.
T suiv. : *3 m. end., 1 aug.I*,
répéter *–* tt le T = 24 m.
Tricoter 1 T à l'end.
T suiv. : *4 m. end., 1 aug.I*,
répéter *–* tt le T = 30 m.
Tricoter 1 T à l'end.
T suiv. : *5 m. end., 1 aug.I*,
répéter *–* tt le T = 36 m.
Tricoter 1 T à l'end.
T suiv. : *6 m. end., 1 aug.I*,
répéter *–* tt le T = 42 m.
Tricoter 1 T à l'end.
T suiv. : *7 m. end., 1 aug.I*,
répéter *–* tt le T = 48 m.
Tricoter 2 T à l'end., en rabattant les m. au dernier T.
Rembourrer fermement et coudre à pts cachés sur la tête, à environ 7,5 cm du sommet.

OREILLES

Monter 6 m.
Fermer en rond. Faire 1 T à l'end.
T suiv. : *1 aug. (= 2 m. en 1)*,
répéter *–* tt le T = 12 m.
Tricoter 1 T à l'end.
T suiv. : *2 m. end., 1 aug.I*,
répéter *–* tt le T = 18 m.
Tricoter 1 T à l'end.
T suiv. : *3 m. end., 1 aug.I*,
répéter *–* tt le T = 24 m.
Tricoter 1 T à l'end.
T suiv. : *4 m. end., 1 aug.I*,
répéter *–* tt le T = 30 m.
Tricoter 1 T à l'end.
T suiv. : *5 m. end., 1 aug.I*,
répéter *–* tt le T = 36 m.
Tricoter 8 T à l'end., en rabattant les m. au dernier T.
Tricoter une **autre oreille** identique.
Placer un petit « boudin » de rembourrage dans l'oreille.

Coudre quelques pts cachés au milieu de l'oreille pour maintenir le rembourrage à l'extérieur de l'oreille (voir photos).
Plier légèrement la partie inférieure de l'oreille et coudre à pts cachés au sommet de la tête, en espaçant les oreilles d'environ 4,5 cm.

JAMBES

Monter 6 m., fermer en rond.
Faire 1 T à l'end.
T suiv. : *1 m. end., 1 aug.I*, répéter *–* tt le T = 12 m.
Tricoter 1 T à l'end.
T suiv. : *2 m. end., 1 aug.I*, répéter *–* tt le T = 18 m.
Tricoter 1 T à l'end.
T suiv. : *3 m. end., 1 aug.I*, répéter *–* tt le T = 24 m.
Tricoter 1 T à l'end.
T suiv. : *4 m. end., 1 aug.I*, répéter *–* tt le T = 30 m.
Tricoter 1 T à l'end.
T suiv. : *5 m. end., 1 aug.I*, répéter *–* tt le T = 36 m.

Tricoter à l'end. jusqu'à 5 cm de hauteur.

T suiv. : *à l'end. jusqu'à 4 m. du bord, tourner. Tricoter à l'env. jusqu'à 4 m. du bord, tourner.
Tricoter à l'end. jusqu'à 2 m. avant la fs précédente, tourner.
Tricoter à l'env. jusqu'à 2 m. avant la fs précédente, tourner.
Tricoter à l'end. jusqu'à 2 m. avant la fs précédente, tourner.
Tricoter à l'env. jusqu'à 2 m. avant la fs précédente, tourner. Tricoter à l'end. sur l'ensemble des m.*
Répéter *–*.
Tricoter 1 T à l'end.
T suiv. : 15 m. end., 1 dim., 2 m. end., 1 dim., 15 m. end. = 34 m.
T suiv. : 11 m. end., 1 dim., 1 m. end., 1 dim., 2 m. end., 1 dim., 1 m. end., 1 dim., 11 m. end. = 30 m.
Tricoter 1 T à l'end.
T suiv. : 9 m. end., 1 dim., 1 m. end., 1 dim., 2 m. end., 1 dim., 1 m. end., 1 dim., 9 m. end. = 26 m.
Tricoter 6 T à l'end.
T suiv. : 4 m. end., 1 aug.I, 5 m. end., 1 aug.I, 8 m. end., 1 aug.I, 5 m. end., 1 aug.I, 4 m. end. = 30 m.
Tricoter 14 T à l'end.

Pour le pied gauche

R suiv. : rabattre 15 m., 15 m. end., tourner = 15 m.
Continuer en aller-retour.
R suiv. : 1 dim. env., 4 m. env., 1 dim. env., 5 m. env., 1 dim. env. = 12 m.
R suiv. : 1 dim., 3 m. end., 1 dim., 3 m. end., 1 dim. = 9 m.
R suiv. (en rabattant les m. en même temps) : 1 dim. env., 5 m. env., 1 dim. env.

Pour le pied droit

R suiv.: 15 m. end., rabattre 15 m. = 15 m. Remettre les m. sur l'aig. gauche.

R suiv. : 1 dim., 4 m. end., 1 dim., 5 m. end., 1 dim. = 12 m.

R suiv. : 1 dim. env., 3 m. env., 1 dim. env., 3 m. env., 1 dim. env. = 9 m.

R suiv. (en rabattant les m. en même temps) : 1 dim., 5 m. end., 1 dim.

Rembourrer fermement les pieds.
Coudre les jambes à pts cachés au bas du corps, en les espaçant d'environ 5,5 cm.

BRAS

Monter 6 m.
Fermer en rond.
Faire 1 T à l'end.
T suiv. : *1 aug. (= 2 m. en 1)*, répéter *–* tt le T = 12 m.
Tricoter 1 T à l'end.
T suiv. : *2 m. end., 1 aug.I*, répéter *–* tt le T = 18 m.
Tricoter 1 T à l'end.
T suiv. : *3 m. end., 1 aug.I*, répéter *–* tt le T = 24 m.
Tricoter 3 T à l'end.
T suiv. : *8 m. end., 1 aug.I*, répéter *–* tt le T = 27 m.
Tricoter 12 T à l'end.
T suiv. : *7 m. end., 1 dim.*, répéter *–* tt le T = 24 m.
Tricoter 19 T à l'end.
T suiv. : *6 m. end., 1 dim.*, répéter *–* tt le T = 21 m.
Tricoter 4 T à l'end.
T suiv. : rabattre 7 m., terminer à l'end. = 14 m.

Terminer en aller-retour.
R suiv. (env. du trav.) : 1 dim. env., 10 m. end., 1 dim. env. = 12 m.
R suiv. : 1 dim., 8 m. end., 1 dim. = 10 m.
R suiv. : 1 dim. env., 6 m. env., 1 dim. env. = 8 m.
R suiv. : 1 dim., 4 m. end., 1 dim. = 6 m.
R suiv. (en rabattant les m. en même temps) : 2 m. env., 1 dim. env., 2 m. env.

FINITIONS

Rembourrer. Coudre les bras à pts cachés de part et d'autre du corps (à environ 1 cm en dessous de la tête).

Broder un nez triangulaire en noir, d'environ 2,7 x 1,8 cm.
Broder les yeux en noir, à l'intersection entre le museau et la tête et en les espaçant d'environ 4 cm.

Salopette d'Augusta

Niveau 3

Ce modèle de forme classique est doublé sur le dos et la bavette, pour plus de robustesse et de confort.

TAILLES
(6-9 mois) 1 an (2 ans) 3 ans (4 ans) 6 ans

FIL
KlompeLOMPE Tynn Merinoull, coloris 7251

QUANTITÉ DE FIL
(200) 200 (250) 250 (250) 300 g

AIGUILLES
Circulaires n°2,5 et n°3, 40 cm et 80 cm (ou jeu d'aiguilles à 2 pointes n°3)

ÉCHANTILLON
27 mailles & aiguilles n°3 = 10 cm

DIMENSIONS
Tour de poitrine : ± (54) 55 (56,5) 57 (59,5) 63 cm
Longueur des jambes : ± (26) 28 (31) 32 (37) 45 cm

DOS

Se commence par les bretelles.

Bretelles

Monter 20 m. avec l'aig. circ. n°2,5. Tricoter en rond avec la technique « magic loop » (ou avec des aig. à 2 pointes), pendant (24) 25 (27) 29 (31) 34 cm.

Laisser en attente et tricoter une **autre bretelle** identique.

Puis réunir les m. ainsi (toujours avec l'aig. circ. n°2,5) : 10 m. end. d'1 bretelle, placer 1 repère (1), monter 5 m., placer 1 repère (2), tricoter les 20 m. de l'autre bretelle, placer 1 repère (3), monter 5 m. placer 1 repère (4), et tricoter les 10 m. restantes de la première bretelle à l'end. Tricoter 2 T à l'end.

T suiv. : 10 m. end., 1 aug.I, 5 m. end., 1 aug.I, 20 m. end., 1 aug.I, 5 m. end., 1 aug.I, 10 m. end.
Tricoter 1 T à l'end.
T suiv. : 10 m. end., 1 aug.I, 7 m. end., 1 aug.I, 20 m. end., 1 aug.I, 7 m. end., 1 aug.I, 10 m. end.

Répéter 8 fs les aug. ts les 2 T (en plaçant toujours les aug. entre les bretelles, soit après le repère de fin de bretelle et avant le repère de début de bretelle suiv.).

T suiv. : à l'end. jusqu'au repère 1, tourner, à l'env. jusqu'au repère 4, tourner, à l'end. jusqu'au repère 3, tourner, à l'env. jusqu'au repère 2, tourner, terminer le T à l'end.
Au total, répéter (3) 4 (4) 5 (5) 5 fs ce T ts les 3 cm.

Continuer les aug., pour avoir au total (26) 27 (28) 29 (31) 33 fs le T d'aug. = (154) 158 (162) 166 (174) 182 m.

Rabattre ttes les m. de la doublure = (77) 79 (81) 83 (87) 91 m.
Laisser ces m. en attente.

BAVETTE

Version 1 : monter (34) 36 (38) 40 (42) 44 m. avec l'aig. circ. n°3, et relever (34) 36 (38) 40 (42) 44 m. sur les (34) 36 (38) 40 (42) 44 premières m. de la bavette = (68) 72 (76) 80 (84) 88 m. Tricoter avec la technique « magic loop ».

Version 2 : monter (68) 72 (76) 80 (84) 88 m. avec les aig. à 2 pointes (et fermer l'ouverture au moment des finitions).
Pour les 2 versions, il y a (34) 36 (38) 40 (42) 44 m. pour le **devant** et (34) 36 (38) 40 (42) 44 m. pour la **doublure**.
Tricoter 8 T à l'end.

T suiv. : 10 m. end., 1 aug.I, (14) 16 (18) 20 (22) 24 m. end., 1 aug.I, 20 m. end., 1 aug.I, (14) 16 (18) 20 (22) 24 m. end., 1 aug.I, 10 m. end.
Tricoter 4 T à l'end.
T suiv. : 10 m. end., 1 aug.I, (16) 18 (20) 22 (24) 26 m. end., 1 aug.I, 20 m. end., 1 aug.I, (16) 18 (20) 22 (24) 26 m. end., 1 aug.I, 10 m. end.

Poursuivre selon le même principe (= augmenter toujours après ou avant les 10 m. de chaque côté et de part et d'autre des 20 m. au centre).
Au total, répéter (6) 7 (8) 10 (11) 12 fs ces aug. ts les 5 T.
Tricoter 3 T à l'end. et répéter les aug. au T suiv.

Tricoter 1 T à l'end., répéter les aug. au T suiv..
Au total répéter (11) 10 (9) 6 (5) 6 fs *–* = (140) 144 (148) 148 (152) 164 m.

Puis tricoter les 20 m. de chaque extrémité séparément, et placer les m. restantes du devant et de la doublure sur 1 aig. aux.

Sur les extrémités : tricoter 2,5 cm en jersey en rond.
T suiv. : 16 m. end., tourner, 12 m. env., tourner, 14 m. end., tourner, 16 m. env., tourner, à l'end. sur tt le T.
1 T à l'end.
Répéter 1 fs ces 2 T.
Tricoter 1 T à l'end.
Puis rabattre les m. au T suiv.
Note : l'extrémité s'incurve naturellement vers l'extérieur.
Faire de même pour l'autre extrémité, mais en miroir.

Reprendre les m. du devant/doublure et rabattre les m. de la doublure.

À présent, **réunir le dos et la bavette**. Commencer le T au milieu du dos avec l'aig. circ. n°3, tricoter ces m. à l'end., relever 9 m. au bas de l'extrémité droite du devant (= laisser environ 2,5 cm à l'extrémité de la partie la plus longue, relever 9 m. jusqu'aux m. du devant), tricoter les 50 m. du devant à l'end., relever 9 m. sur l'autre côté en laissant 2,5 cm libre à l'extrémité, (voir schéma), et tricoter les m. restantes du dos à l'end.
= (145) 149 (153) 155 (161) 171 m.

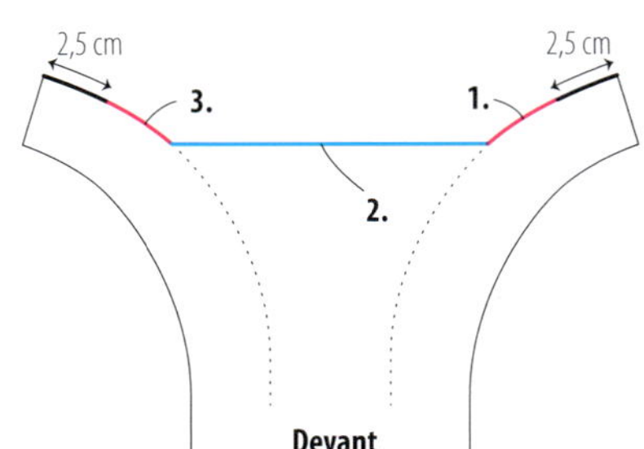

1. Relever 9 m. en laissant 2,5 cm de libre au bout.
2. Tricoter les 50 m. du devant à l'end.
3. Relever 9 m. en laissant 2,5 cm de libre au bout.

Au total, répéter (11) 11 (12) 12 (13) 14 fs ce T ts les 2 cm environ = (52) 54 (54) 55 (56) 59 m.
Tricoter 9 T à l'env., 1 T à l'end., 8 T à l'env., en rabattant les m. lors du dernier T.
Replier le bas (selon le T end.) vers l'extérieur et coudre le revers solidement.

FINITIONS

Rentrer les fils. Coudre les 8 m. de l'entrejambe à pts cachés. Coudre les 20 m. rabattues et la partie inférieure des extrémités de chaque côté de la bavette dans le dos. Coudre le dos de la bavette.

Repasser à la vapeur (ou mettre en forme dans un linge humide). Fixer le sytème d'attaches des bretelles.

Tricoter en jersey en rond pour avoir (28) 30 (32) 35 (37) 39 cm depuis le haut du devant.
Rabattre 1 m. au milieu du dos.

Placer un repère de part et d'autre des 8 m. centrales du dos et du devant.
T suiv. : augmenter 1 m. de chaque côté des 8 m. marquées = 4 m. augmentée par T.
Au total, répéter 5 fs ce T d'aug. ts les 4 T.
Tricoter 1 T à l'end.
T suiv. : rabattre 8 m. sur le devant et le dos.
Terminer les jambes séparément = (74) 76 (78) 79 (82) 87 m. par jambe.

JAMBES

Tricoter en jersey en rond pour avoir (26) 28 (31) 32 (37) 45 cm de hauteur de jambe ;
MAIS SIMULTANÉMENT pour le **biais**, après 4 cm, diminuer ainsi :
T suiv. : 1 m. end., 1 dim., à l'end. jusqu'à 3 m. du bord, 1 SS, 1 m. end.

Salopette du nounours d'Augusta

Niveau 3

Taille
Unique
Fil
KlompeLOMPE Tynn Merinoull, coloris 7251
Quantité de fil
100 g
Aiguilles
Circulaires n°2,5 et n°3, 40 cm et 80 cm (ou jeu d'aiguilles à 2 pointes n°3).
Échantillon
27 mailles & aiguilles n°3 = 10 cm

DOS

Se commence par les bretelles.

Bretelles

Monter 20 m. avec l'aig. circ. n°2,5.
Tricoter en jersey rond avec la technique « magic loop » (ou avec des aig. à 2 pointes) pendant 10 cm.
Laisser les m. en attente.
Tricoter une **autre bretelle** identique.

Réunir les bretelles (toujours avec l'aig. circ. n°2,5).
Tricoter 10 m. end. d'1 bretelle, placer 1 repère (1), monter 5 m., placer 1 repère (2), tricoter les 20 m. de l'autre bretelle à l'end., placer 1 repère (3), monter 5 m., placer 1 repère (4) et tricoter les 10 m. restantes de la première bretelle à l'end., = 50 m.
Tricoter 2 T à l'end.

T suiv. : 10 m. end., 1 aug.I, 5 m. end., 1 aug.I, 20 m. end., 1 aug.I, 5 m. end., 1 aug.I, 10 m. end.
Tricoter 1 T à l'end.

T suiv. : 10 m. end., 1 aug.I, 7 m. end., 1 aug.I, 20 m. end., 1 aug.I, 7 m. end., 1 aug.I, 10 m. end.

Poursuivre les aug. ts les 2 T, en les plaçant toujours entre les m. des bretelles (soit après le repère de fin de bretelle et avant le repère de début de bretelle suiv.).

Après 5 T d'aug.
T suiv. : à l'end. jusqu'au repère 1, tourner, à l'env. jusqu'au repère 4, tourner, à l'end. jusqu'au repère 3, tourner, à l'env. jusqu'au repère 2, tourner, terminer le T à l'end.

Au total, répéter 8 fs le T d'aug. = 82 m.

Rabattre les m. de la doublure = 41 m.
Laisser les m. en attente.

BAVETTE

Version 1 : monter 26 m. avec l'aig. circ. n°3, relever 26 m. sur les 26 m. précédentes = 52 m. Tricoter avec la technique « magic loop ».
Version 2 : monter 52 m. avec les aig. à 2 pointes, (et fermer l'ouverture au moment des finitions).

Pour les 2 versions, il y a 26 m. pour le **devant** et 26 m. pour la **doublure**.

Tricoter 8 T à l'end.
T suiv. : 10 m. end., 1 aug.I, 6 m. end., 1 aug.I, 20 m. end., 1 aug.I, 6 m. end., 1 aug.I, 10 m. end.

Tricoter 4 T à l'end.

T suiv. : 10 m. end., 1 aug.I, 8 m. end., 1 aug.I, 20 m. end., 1 aug.I, 8 m. end., 1 aug.I, 10 m. end.

Poursuivre selon le même principe (= augmenter toujours après ou avant les 10 m. de chaque côté et de part et d'autre des 20 m. au centre).
Au total, répéter 3 fs ces aug. ts les 5 T.
Tricoter 3 T à l'end. avant de répéter les aug. au T suiv.

Tricoter 1 T à l'end., répéter les aug. au T suiv., au total, répéter 5 fs *–* = 88 m.

À présent, tricoter les 20 m. de chaque extrémité séparément et laisser les autres m. du devant et de la doublure en attente sur 1 aig. aux.

Pour les extrémités : tricoter 2,5 cm en jersey en rond.
T suiv. : 16 m. end., tourner, 12 m. env., tourner, 14 m. end., tourner, 16 m. env., tourner, à l'end. sur tt le T.
Tricoter 1 T à l'end.
Répéter encore 1 fs ces 2 T.
Tricoter 1 T à l'end.
Tricoter 1 T à l'end. en rabattant les m.

Reprendre les m. en attente du devant et de la doublure et rabattre les m. de la doublure.

À présent, **réunir le dos et la bavette**. Commencer le T au milieu du dos avec l'aig. circ. n°3, tricoter ces m. à l'end., relever 9 m. au bas de l'extrémité droite du devant (= laisser environ 2,5 cm à l'extrémité de la partie la plus longue, relever 9 m. jusqu'aux m. du devant), tricoter les 50 m. du devant à l'end., relever 9 m. sur l'autre côté en laissant 2,5 cm libres à l'extrémité, (voir schéma), et tricoter les m. restantes du dos à l'end.

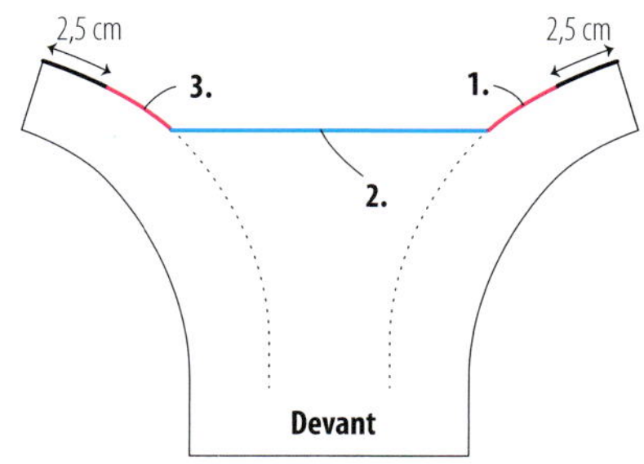

1. Relever 9 m. en laissant 2,5 cm de libre au bout.
2. Tricoter les 50 m. du devant à l'end.
3. Relever 9 m. en laissant 2,5 cm de libre au bout.

Il y a 83 m. sur l'aig. Tricoter 1 T à l'end., en répartissant 19 aug. = 102 m.
Tricoter en jersey en rond pendant 14 cm depuis le haut de la bavette.

Placer 1 repère de chaque côté du milieu des 8 m. du dos et du devant.
Au T suiv., faire 1 aug. de chaque côté des m. marquées = 4 m. augmentées par T.
Au total, répéter 4 fs ces aug. ts les 2 T.
Tricoter 1 T à l'end.
T suiv. : rabattre 8 m. sur le devant et le dos.
Terminer les jambes séparément = 51 m. par jambe.

JAMBES

Tricoter en jersey en rond pendant 7 cm.

Tricoter 6 T à l'env., 1 T à l'end., 5 T à l'env. en rabattant les m. au dernier T.
Replier le revers et le coudre solidement.

FINITIONS
Rentrer les fils, coudre l'ouverture de l'entrejambes à pts cachés.

Coudre les 20 m. rabattues et la partie inférieure des extrémités de chaque côté de la bavette dans le dos.
Coudre le dos de la bavette.

Repasser (ou placer dans un linge humide).
Fixer le sytème d'attaches des bretelles.

Pull d'Augusta

Niveau 1

En se basant sur l'illustration d'Augusta, nous avons créé un pull simple et doux, en combinant plusieurs fils pour un résultat douillet et moelleux. Ce modèle est à la portée de tous.

TAILLES
(1) 2 (4) 6 (8) 10 (12) 14 ans

FILS
KlompeLOMPE Tynn Merinoull, coloris : 4344, Sandnes garn Tynn Silk Mohair, coloris 4323

QUANTITÉ DE FIL
KlompeLOMPE Tynn Merinoull : (100) 100 (150) 150 (150) 200 (200) 200 g
Sandnes garn Tynn Silk Mohair : (50) 50 (50) 50 (75) 75 (75) 75 g

AIGUILLES
Circulaires n°5, 60 cm ; n°2,5, 40 cm, jeux d'aiguilles à 2 pointes n°2,5 et n°5

ÉCHANTILLON
17 mailles & aiguilles n°5 = 10 cm

DIMENSIONS
Tour de poitrine : ± (62) 65 (68) 73 (75) 81 (85) 87 cm
Hauteur totale : ± (32,5) 36,5 (38,5) 40,5 (44,5) 46,5 (48,5) 51,5 cm

Se tricote de haut en bas, avec 1 fil de chaque qualité pris ensemble.

CORPS

Monter (92) 96 (100) 104 (108) 112 (116) 116 m. avec l'aig. circ. n°2,5. Fermer en rond et tricoter (6) 6 (6) 6 (8) 8 (8) 8 T en côtes 1/1 (= alterner 1 m end. et 1 m. env.).

Continuer avec l'aig. circ. n°5.
Tricoter 1 T à l'end., en répartissant uniformément (22) 22 (26) 28 (32) 34 (36) 36 dim. = (70) 74 (74) 76 (76) 78 (80) 80 m.
*Tricoter 5 T à l'end.
Tricoter à l'end. avec 24 aug.*
Au total, répéter (2) 3 (3) 4 (4) 5 (5) 5 fs *–*.
Tricoter 5 T à l'end.
Tricoter 1 T à l'end. avec (32) 8 (18) 8 (16) 8 (16) 24 aug.
= (150) 154 (164) 180 (188) 206 (216) 224 m.
Tricoter 4 T à l'end.

Au T suiv., séparer l'ouvrage ainsi : tricoter (22) 23 (25) 27 (28) 30 (32) 33 m. end. (= **demi-devant**), placer les (30) 30 (32) 36 (38) 42 (44) 46 m. suiv. sur 1 aig. aux. (= **manche**), monter 8 m. pour l'aisselle, tricoter (46) 48 (50) 54 (56) 62 (64) 66 m. end. (= **dos**), placer les (30) 30 (32) 36 (38) 42 (44) 46 m. suiv. sur 1 aig. aux. (= autre **manche**), monter 8 m. pour l'aisselle, tricoter (22) 23 (25) 27 (28) 30 (32) 33 m. end. (= **demi-devant**) = (106) 110 (116) 124 (128) 138 (144) 148 m.

Tricoter en jersey en rond jusqu'à (30) 34 (36) 38 (42) 44 (46) 49 cm.

Femme : KlompeLOMPE Tynn Merinoull, coloris : 4554, Sandnes garn Tynn Silk Mohair, coloris 4062
Enfant : KlompeLOMPE Tynn Merinoull, coloris : 4032, Sandnes garn Tynn Silk Mohair, coloris 3511

Continuer avec l'aig. circ. n°2,5, tricoter 1 T à l'end. en répartissant (20) 26 (30) 32 (42) 48 (52) 58 aug. = (126) 136 (146) 156 (170) 186 (196) 206 m. Tricoter 8 T en côtes 1/1 (= alterner 1 m. end. et 1 m. env.) en rabattant les m. lors du dernier T.

MANCHES

Avec l'aig. circ. n°5, commencer au milieu des 8 m. d'1 aisselle, relever 4 m., tricoter les (30) 30 (32) 36 (38) 42 (44) 46 m. de l'aig. aux. à l'end., relever 4 m. sur les dernières m. de l'aisselle = (38) 38 (40) 44 (46) 50 (52) 54 m.

Tricoter en jersey en rond pendant (19) 23 (25) 29 (32) 35 (38) 42 cm.
SIMULTANÉMENT, après 3 cm, pour le **biais**, diminuer ainsi : 2 m. end., 1 dim., à l'end. jusqu'à 4 m. du bord, 1 SS, 2 m. end.
Au total répéter (5) 4 (4) 6 (6) 7 (7) 7 ces dim. ts les 4 cm = (28) 30 (32) 32 (34) 36 (38) 40 m.

Continuer avec l'aig. circ. n°2,5. Tricoter 1 T à l'end. en répartissant (10) 8 (8) 8 (6) 8 (8) 6 aug. = (38) 38 (40) 40 (40) 44 (46) 46 m.

Tricoter 8 T en côtes 1/1 (= alterner 1 m. end. et 1 m. env.) en rabattant les m. lors du dernier T.

Rentrer les fils.
Mettre en forme dans un linge humide.

KlompeLOMPE Tynn Merinoull, coloris : 6061, Sandnes garn Tynn Silk Mohair, coloris 6707

Pull d'Augusta – adulte

Niveau 1

Tailles
(XS) S (M) L (XL)
Fil
KlompeLOMPE Tynn Merinoull, coloris : 1013, Sandnes garn Tynn Silk Mohair, coloris 1022
Quantité de fil
KlompeLOMPE Tynn Merinoull : (250) 250 (300) 300 (350) g
Sandnes garn Tynn Silk Mohair : (100) 100 (100) 100 (125) g
Aiguilles
Circulaire n°5, 60 cm et n°2,5, 40 cm, jeux d'aiguilles à 2 pointes n°2,5 et n°5
Échantillon
17 mailles & aiguilles n°5 = 10 cm
Dimensions
Tour de poitrine : ± (87) 90,5 (96) 109 (114) cm
Hauteur totale : ± (59,5) 60,5 (61,5) 63,5 (64,5) cm

Se tricote de haut en bas
avec 1 fil de chaque qualité
pris ensemble.

CORPS

Monter (138) 138 (142) 146 (146) m. avec l'aig. circ. n°2,5. Fermer en rond et tricoter 8 T en côtes 1/1 (= alterner 1 m. end. et 1 m. env.). Continuer avec l'aig. circ. n°5. Tricoter 1 T à l'end. en répartissant (30) 30 (28) 28 (28) dim. = (108) 108 (114) 118 (118) m.

Pour l'**encolure**, tricoter ainsi : 50 m. end., tourner, 100 m. env., tourner, 95 m. end., tourner, 90 m. env., tourner, 80 m. end., tourner, 70 m. env., tourner, à l'end. jusqu'au début du T. *Tricoter 5 T à l'end. Tricoter 1 T à l'end. en répartissant (18) 18 (18) 20 (19) aug.*, au total répéter (6) 7 (7) 8 (9) fs *–*. Tricoter (5) 2 (5) 4 (1) T à l'end.

Tricoter 1 T à l'end. en répartissant (4) 0 (8) 0 (1) aug. = (220) 234 (248) 278 (290) m.

Au T suiv. séparer l'ouvrage ainsi : tricoter (33) 34 (37) 42 (44) m. end. (= **demi-devant**), placer les (44) 48 (50) 54 (56) m. suiv. sur 1 aig. aux. (= **manche**), monter 8 m. pour l'aisselle, tricoter (66) 70 (74) 86 (90) m. end. (= **dos**), placer les (44) 48 (50) 54 (56) m. suiv. sur 1 aig. aux. (= autre **manche**), monter 8 m. pour l'aisselle, (33) 34 (37) 42 (44) m. end. (= **demi-devant**) = (148) 154 (164) 186 (194) m.

Tricoter en jersey en rond jusqu'à (56) 57 (58) 60 (61) cm de HT.

Continuer avec l'aig. circ. n°2,5. Tricoter 1 T. à l'end. en répartissant (84) 86 (92) 98 (102) aug. = (232) 240 (256) 284 (296) m. Tricoter 12 T en côtes 1/1 (= alterner 1 m. end. et 1 m. env.) en rabattant les m. lors du dernier T.

MANCHES

Avec l'aig. circ. n°5 et en commençant au milieu des 8 m. d'1 aisselle, relever 4 m., tricoter les m. en attente d'1 manche à l'end. relever 4 m. sur les dernières m. de l'aisselle = (52) 56 (58) 62 (64) m.

Tricoter en jersey en rond pendant 45 cm. Simultanément, après 6 cm, pour le **biais**, diminuer ainsi : 2 m. end., 1 dim., à l'end. jusqu'à 4 m. du bord, 1 SS, 2 m. end. Au total, répéter 7 fs ces dim. ts les 6 cm = (38) 42 (44) 48 (50) m.

Terminer avec l'aig. circ. n°2,5. Tricoter 1 T à l'end. en répartissant (16) 14 (16) 12 (12) aug. = (54) 56 (60) 60 (62) m.

Tricoter 12 T en côtes 1/1 (= alterner 1 m. end. et 1 m. env.) en rabattant les m. lors du dernier T.

Rentrer les fils. Mettre en forme dans un linge humide.

Pantoufles d'Henrik

Niveau 2

Ces jolies pantoufles bien chaudes sont parfaites pour toute la famille. Les plus petits voudront certainement courir avec, aussi par sécurité, mettre de l'antidérapant sous la semelle.

TAILLES
(20-24) 25-29 (30-34) 35-38 (39-41) 42-44
FIL
KlompeLOMPE SPØT, coloris 1042
QUANTITÉ DE FIL
(150) 150 (150) 200 (200) 250 g
AIGUILLE
Circulaire n°8, 80 cm
ÉCHANTILLON AVANT FEUTRAGE
12,5 mailles & aiguilles n°8 = 10 cm
ÉCHANTILLON APRÈS FEUTRAGE
17 mailles = 10 cm

SEMELLES

Monter (5) 7 (9) 11 (11) 13 m. avec l'aig. circ. n°8 et le fil pris en double. Tricoter 1 R à l'end. et 1 R à l'env.
R suiv. : 1 m. end., 1 aug., à l'end. jusqu'à 1 m. du bord, 1 aug., 1 m. end.

Continuer en jersey end., en répétant les aug. 2 R plus haut (sur l'end. du trav.).
Tricoter pendant (8,5) 10,5 (13) 15 (16) 18,5 cm. Répéter les aug.

Tricoter en jersey end. sans aug. jusqu'à (21,5) 25 (29) 34 (37) 42 cm.
R suiv. (sur l'end. du trav.) : 1 m. end., 1 SS, à l'end. jusqu'à 3 m. du bord, 1 dim., 1 m. end.
Au total, répéter (1) 2 (3) 3 (3) 3 fs ces dim. ts les 2 R (sur l'end. du trav.).

R suiv. (env. du trav.) : 1 m. env., 1 dim. env., à l'env. jusqu'à 3 m. du bord, 1 dim. env., 1 m. env.
R suiv. (en rabattant les m. au fur et à mesure) : 1 m. end., 1 SS, à l'end. jusqu'à 3 m. du bord, 1 dim., 1 m. end.

Rentrer les fils.

Faire 4 semelles identiques.
Les superposer 2 par 2, env. contre env., et coudre souplement le contour à pts cachés.
Ajouter quelques pts au milieu de la semelle.

DESSUS

Monter (30) 32 (36) 40 (40) 46 m. avec l'aig. circ. n°8 et le fil pris en double. Fermer en rond et tricoter en jersey pendant (5) 7 (9) 12 (14) 17 cm.
Tricoter 1 T à l'end. en répartissant (2) 8 (4) 8 (8) 2 aug. = (32) 40 (40) 48 (48) 48 m.
Continuer en jersey en rond jusqu'à (7) 10 (12) 15 (17) 20 cm.

Puis poursuivre ainsi :
T suiv. : *6 m. end., 1 dim.*, répéter *–* tt le T.
Tricoter 2 T à l'end.

KlompeLOMPE SPØT,
coloris 1088 et 1042

T suiv. : *5 m. end., 1 dim.*, répéter *–* tt le T.
Tricoter 2 T à l'end.
T suiv. : *4 m. end., 1 dim.*, répéter *–* tt le T.
Tricoter 1 T à l'end.

T suiv. : *3 m. end., 1 dim.*, répéter *–* tt le T.
Tricoter 1 T à l'end.

T suiv. : *2 m. end., 1 dim.*, répéter *–* tt le T.
Tricoter 1 T à l'end.

T suiv. : *1 m. end., 1 dim.*, répéter *–* tt le T.

T suiv. : *1 dim.*, répéter *–* tt le T.

Couper et passer le fil à travers les m. du dernier T pour resserrer.

Rentrer les fils.

Aplatir et fermer l'ouverture à pts lâches.
Coudre souplement sur la semelle à pts cachés.

FEUTRAGE

Passer à la machine à laver (40°C, essorage à 1600 tours) avec de la lessive classique. Mettre en forme quand la pantoufle est encore humide. Comme chaque machine à laver est différente, ne pas hésiter à accentuer le feutrage au sèche-linge. Vérifier régulièrement, en les ressortant jusqu'à obtenir la taille souhaitée.

Par sécurité, il peut être utile de mettre de l'antidérapant sous la semelle.

Pull d'Henrik

Niveau 2

Pull simple et classique en fil fin.

TAILLES
S (M) L (XL)
FIL
KlompeLOMPE Tynn Merinoull, coloris 6061
QUANTITÉ DE FIL
450 (500) 550 (600) g
AIGUILLES
Circulaires n°2,5 et n°3, 40 cm et 60 cm,
Jeux d'aiguilles à 2 pointes n°2,5 et n°3
ÉCHANTILLON
27 mailles & aiguilles n°3 = 10 cm
DIMENSIONS
Tour de poitrine : ± 92,5 (100) 107,5 (115) cm
Hauteur totale : ± 62 (64,5) 67,5 (72) cm

Se tricote de bas en haut en rond.

BAS DU CORPS

Monter 250 (270) 290 (310) m. avec l'aig. circ. n°2,5. Fermer en rond et tricoter 6 cm en côtes 1/1 (= alterner 1 m. end. et 1 m. env.).

Continuer avec l'aig. circ. n°3 en jersey en rond jusqu'à 43 (44) 46 (48) cm de HT.

T suiv. séparer l'ouvrage ainsi: rabattre 8 m. (= aisselle), 117 (127) 137 (147) m. end. (= **devant**), rabattre 8 m. (= aisselle), 117 (127) 137 (147) m. end. (= **dos**).

Laisser les m. en attente.

MANCHES

Monter 60 (60) 64 (64) m. avec l'aig. circ. n°2,5. Fermer en rond et tricoter 6 cm en côtes 1/1 (= alterner 1 m. end. et 1 m. env.).

Continer avec l'aig. circ. n°3 et tricoter en jersey en rond, MAIS en tricotant la 1re m. à l'env. (= repère début de T, milieu de l'aisselle).
Après 2 cm pour le **biais**:
T suiv.: 1 m. env., 1 aug.I, à l'end., 1 aug.I.
Répéter 21 (23) 22 (25) fs ces aug. ts les 1,5 cm = 102 (106) 108 (114) m.
Tricoter en jersey en rond jusqu'à 50 cm (ou longueur souhaitée).

T suiv.: rabattre les 4 premières et les 4 dernières m. = 94 (98) 100 (106) m.

Mette les m. en attente et tricoter une **autre manche** identique.

Puis **réunir les manches et le corps** ainsi: placer 1 repère (= début T), les m. de la **manche gauche**, placer 1 repère, les m. du **devant**, placer 1 repère, les m. de la **manche droite**, placer 1 repère, les m. du **dos** = 422 (450) 474 (506) m.
Tricoter 2 (2) 2 (4) T à l'end.

Puis, pour les **raglans**:
T suiv: *1 m. end., 1 SS, à l'end. jusqu'à 3 m. du repère suiv., 1 dim., 1 m. end. *, répéter *–* tt le T = 8 m. diminuées.

Au total, répéter 17 (19) 20 (23) fs ces dim. ts les 2 T.
Couper le fil.

Glisser 104 (107) 111 (113) m. sur l'aig. droite pour commencer au milieu du devant et continuer en aller-retour, en commençant sur l'env. du trav. ainsi: 5 m. end. (= bordure fente), terminer le R à l'env., monter 5 m. (= bordure fente).
Toujours tricoter les 5 m. de chaque côté à l'end. (= pt mousse sur les bordures de fente).
Poursuivre les dim. des raglans ts les 2 T (sur l'end. du trav.).

R 12 (12) 14 (16): à l'end. jusqu'à 3 m. du bord, 1 jeté, 1 dim. (= boutonnière), 1 m. end.
NOTE: 1 autre boutonnière sera faite dans le col lors du 2e R des côtes 1/1.

Au total, diminuer 30 (33) 35 (39) fs pour les raglans (y compris celles avant la fente).
R suiv. (sur l'end. du trav.): rabattre de chaque côté 1 x 14 (16) 19 (20) m. (sans oublier les dim. des raglans).

R suiv.: à l'env.

R suiv.: 1 dim., à l'end. jusqu'à 2 m. du bord (sans oublier les dim. des raglans), 1 dim.
Diminuer ainsi à chaque R.

Après 37 (40) 42 (46) dim. pour les raglans (y compris celles avant la fente).

R suiv. (env. du trav.): à l'env.

Continuer avec l'aig. circ. n°2,5.
Tricoter en côtes 1/1 (= alterner 1 m. end. et 1 m. env.).
R suiv., avec boutonnière: en côtes 1/1 jusqu'à 3 m. du bord, 1 jeté, 1 dim., 1 m. en côtes 1/1.

Au total, tricoter 7 R en côtes 1/1, en rabattant les m. lors du dernier R.

FINITIONS

Rentrer les fils.

Fermer l'ouverture des aisselles.
Assembler le bas de la bordure de fente.
Coudre les boutons en face des boutonnières.

Mettre en forme à la vapeur ou dans un linge humide.

Pull de Julian

Niveau 2

De forme identique au pull d'Henrik,
ce modèle est aussi tricoté avec du fil fin.

TAILLES
6 mois (9 mois) 12 mois (18 mois)
2 ans
(4 ans) 6 ans (8 ans) 10 ans (12 ans)
14 ans

FIL
KlompeLOMPE Tynn Merinoull,
coloris 2650

QUANTITÉ DE FIL
100 (100) 150 (150) 150 (200) 250 (250) 300 (350) 400 g

AIGUILLES
Circulaires n°2,5 et n°3,
40 cm et 60 cm,
Jeu d'aiguilles à 2 pointes n°2,5 et n°3

ÉCHANTILLON
27 mailles & aiguilles n°3 = 10 cm

DIMENSIONS
Tour de poitrine : ± 49,5 (51) 54 (55,5) 60 (63) 67 (75) 78 (82) 85 cm
Hauteur totale : ± 26,5 (28,5) 31 (33,5) 35 (37,5) 42,5 (47,5) 51,5 (55,5) 59,5 cm

Se tricote de bas en haut et en rond.

BAS DU CORPS

Monter 134 (138) 146 (150) 162 (170) 182 (202) 210 (222) 230 m. avec l'aig. circ. n°2,5.
Fermer en rond et tricoter 2,5 (2,5) 3 (3) 3 (3) 3 (3,5) 3,5 (3,5) 3,5 cm en côtes 1/1 (= alterner 1 m. end. et 1 m. env.).
Continuer avec l'aig. circ. n°3 en jersey en rond.
Tricoter jusqu'à 19 (21) 23 (25) 26 (28) 32 (35) 38 (40) 42 cm de HT.

Au T suiv., séparer l'ouvrage ainsi : rabattre 8 m. (= aisselle), 59 (61) 65 (67) 73 (77) 83 (93) 97 (103) 107 m. end. (= **devant**), rabattre 8 m. (= aisselle), 59 (61) 65 (67) 73 (77) 83 (93) 97 (103) 107 m. end. (= **dos**).

Laisser ces m. en attente.

MANCHES

Monter 38 (40) 40 (40) 42 (42) 52 (52) 56 (56) 56 m. avec l'aig. circ. n°2,5.
Fermer en rond et tricoter 2,5 (2,5) 3 (3) 3 (3) 3 (3,5) 3,5 (3,5) 3,5 cm en côtes 1/1 (= alterner 1 m. end. et 1 m. env.).
Continuer avec l'aig. circ. n°3 en jersey en rond, MAIS en tricotant la 1re m. à l'env. (= repère début de T, milieu de l'aisselle).
Après 2 cm, pour le **biais** :
T suiv. :1 m. env., 1 aug.I, à l'end., 1 aug.I.
Répéter ces aug. ts les 2,5 (3) 3 (3,5) 4 (4) 4,5 (4,5) 4,5 (4,5) 4,5 cm pour avoir 48 (48) 50 (50) 52 (54) 64 (66) 70 (70) 72 m.

Tricoter en jersey en rond jusqu'à 16,5 (18,5) 21 (23) 27 (30) 33 (35,5) 37,5 (39,5) 43,5 cm.
T suiv. : rabattre les 4 premières et 4 dernières m.
Laisser les m. en attente et tricoter une **autre manche** identique.

Puis **réunir les manches et le corps** ainsi : placer 1 repère (= début T), les m. de la **manche gauche**, placer 1 repère, les m. du **devant**, placer 1 repère, les m. de la **manche droite**, placer 1 repère, les m. du **dos**.
Tricoter 2 T à l'end.

Uniquement pour les tailles 12 et 14 ans, tricoter (1) 2 cm à l'end.

Puis, pour les **raglans** :
T suiv. : *1 m. end., 1 SS, à l'end. jusqu'au repère suiv., 1 dim., 1 m. end. *, répéter *–* tt le T = 8 m. diminuées.
Au total, répéter 4 fs ces dim. ts les 2 T. Couper le fil.

Glisser 60 (61) 65 (66) 71 (75) 88 (95) 101 (104) 108 m. sur l'aig. droite pour commencer au milieu du devant. Continuer en aller-retour en commençant le R1 sur l'env. du trav. ainsi : 5 m. end. (= bordure fente), terminer à l'env. et monter 5 m. (= bordure de fente). Toujours tricoter les 5 m. de chaque bordure à l'end. (= pt mousse).

Poursuivre les raglans ts les 2 R (sur l'end. du trav.).
Pour R6 (6) 6 (8) 8 (10) 12 (14) 16 (16) 16 : à l'end. jusqu'à 3 m. du bord, 1 jeté, 1 dim. (= boutonnière), 1 m. end.
NOTE : 1 autre boutonnière sera faite dans le col.

Au total, répéter 11 (11) 12 (13) 14 (15) 16 (18) 20 (22) 24 fs les dim. des raglans (y compris celles avant la fente).

R suiv. (end. du trav.) : rabattre 1 x 9 (10) 11 (11) 13 (13) 14 (14) 14 (14) 14 m. de chaque côté (sans oublier les raglans).
R suiv. : à l'env.
R suiv. : 1 dim., à l'end. jusqu'à 2 m. du bord (sans oublier les raglans), 1 dim.
Poursuivre les dim. à chaque R.

Au total, faire 15 (15) 16 (17) 18 (19) 21 (25) 27 (29) 31 fs les dim. (avec celles avant la fente).

KlompeLOMPE
Tynn Merinoull,
coloris 7251

R suiv. (env. du trav.) : à l'env.

Continuer avec l'aig. circ. n°2,5.
Tricoter en côtes 1/1 (= alterner 1 m. end. et 1 m. env.).
R suiv., avec boutonnière :
  en côtes 1/1 jusqu'à 3 m. du bord, 1 jeté, 1 dim., 1 m. en côtes 1/1.

Au total, tricoter 7 R en côtes 1/1, en rabattant les m. lors du dernier R.

FINITIONS

Rentrer les fils.
Fermer l'ouverture des aisselles.
Assembler le bas de la bordure de fente.
Coudre les boutons en face des boutonnières.

Mettre en forme à la vapeur ou dans un linge humide.

Flocon de neige

Niveau 2

Déco de Noël à suspendre. Il est amusant de voir la transformation du flocon après un passage à la machine à laver.

Tailles
petit (grand)
Fil
KlompeLOMPE SPØT, coloris 1013
Quantité de fil
Reste de pelote
Crochets
Petite version : n°4
Grande version : n°6

Abréviations au crochet
m. air = maille(s) air
m.c. = maille(s) coulée(s)
m.s. = maille(s) serrée(s)

Note : avec le crochet n°6, utiliser le fil pris en double, et avec le crochet n°4, utiliser le fil en simple.

Commencer par 24 m. air (branche principale).
Tourner, revenir par 3 m.c.
Pour les 2 petites branches : 3 m. air, tourner, revenir par 2 m.c., 1 m.c. sur la branche principale, 3 m. air de l'autre côté, tourner, revenir par 2 m.c., 1 m.c. au milieu, 4 m.c. le long de la branche principale.
Pour les 2 branches suiv. : 5 m. air, tourner, revenir par 4 m.c., 1 m.c. sur la branche principale, 5 m. air de l'autre côté, revenir par 4 m.c., 1 m.c. au milieu.
Poursuivre le long de la branche principale par 4 m.c.

*Crocheter 12 m. air (2de branche), tourner, revenir par 3 m.c.
Pour les 2 petites branches : 3 m. air, tourner, revenir par 2 m.c., 1 m.c. au milieu de la 2de branche, 3 m. air pour passer de l'autre côté, tourner et revenir par 2 m.c.
Crocheter 1 m.c. au milieu et poursuivre le long de la 2de branche avec 4 m.c.
Pour les 2 branches suiv. : 5 m. air, tourner, revenir par 4 m.c., crocheter 1 m.c. sur la 2de branche, 5 m. air pour passer de l'autre côté, tourner et revenir par 4 m.c. Crocheter 1 m.c. au milieu. Poursuivre le long de la 2de branche avec 4 m.c.*

Répéter *–*.

Continuer sur la branche principale. Crocheter 4 m.c.
Pour les 2 branches suiv.: 5 m. air, tourner, revenir par 4 m.c., 1 m.c. sur la branche principale, 5 m. air pour passer de l'autre côté, tourner et revenir par 4 m.c. Crocheter 1 m.c. au milieu et continuer sur la branche principale par 3 m.c.
Pour les 2 petites branches suiv. : 3 m. air, tourner et revenir par 2 m.c., 1 m.c. au milieu de la branche principale, 3 m. air pour passer de l'autre côté, tourner et revenir par 2 m.c. Crocheter 1 m.c. au milieu et poursuivre le long de la branche principale par 3 m.c.
Arrêter et rentrer les fils.

FEUTRAGE

Passer à la machine à laver, avec 2 grandes serviettes (par exemple) à 40°C avec de la lessive ordinaire (pas de lessive pour laine).

Robe d'Hedvig

Niveau 2

Une robe toute simple avec des manches ¾, que l'on peut aisément combiner avec le col d'Hedvig.

TAILLES
6-9 mois (1 an) 2 ans (4 ans)
6 ans (8 ans) 10 ans (12 ans)
FIL
KlompeLOMPE Tynn Merinoull, coloris 4554
QUANTITÉ DE FIL
150 (200) 250 (300)
300 (350) 400 (450) g
AIGUILLES
Circulaires n°2,5 et n°3, 40 cm et 80 cm, éventuellement jeux d'aiguilles à 2 pointes n°2,5 et n°3
ÉCHANTILLON
27 mailles & aiguilles n°3 = 10 cm
DIMENSIONS
Tour de poitrine : ± 52 (55) 58 (62) 64 (66,5) 68 (71) cm
Hauteur totale : ± 36,5 (42,5) 47,5 (52,5) 57 (64,5) 71 (78) cm

Se tricote en rond du bas vers le haut.

BAS DU CORPS

Monter 210 (222) 234 (252) 258 (270) 276 (288) m. avec l'aig. circ. n°3.
Tricoter 5 cm en jersey en rond (= JER).
Tricoter 1 T à l'env. (= pliure).
Tricoter en JER jusqu'à 27 (33) 37 (41) 44 (50) 55 (60) cm.
T suiv., diminuer ainsi :
1 m. end., 1 dim., répéter *–* tt le T = 140 (148) 156 (168) 172 (180) 184 (192) m.
Tricoter 2 (2) 2 (2) 3 (4) 5 (6) cm en JER.

Puis séparer l'ouvrage ainsi : rabattre 3 m. (= demi-aisselle), tricoter 64 (68) 72 (78) 80 (84) 86 (90) m. end. (= **devant**), rabattre 6 m. (= aisselle), 64 (68) 72 (78) 80 (84) 86 (90) m. end. (= **dos**), rabattre 3 m. (= demi-aisselle). Laisser les m. en attente.

MANCHES

Monter 42 (44) 44 (48) 50 (50) 52 (54) m. avec l'aig. circ. n°2,5. Tricoter 3 cm en JER. Tricoter 1 T à l'env. (= pliure). Tricoter 3 cm en JER.

Continuer avec l'aig. circ. n°3. Tricoter en JER, MAIS en tricotant la 1re m. à l'env. (= repère début de T, milieu de l'aisselle).

À 4 cm de HT, pour le **biais**, augmenter 1 m. de part et d'autre du repère.
Répéter 6 (6) 8 (8) 8 (10) 14 (18) fs ces aug. ts les 2 (3) 2,5 (3,5) 4 (3,5) 2,5 (2) cm environ = 48 (50) 52 (56) 58 (60) 66 (72) m.
Tricoter en JER jusqu'à 11 (13) 15 (18) 20 (22) 24 (25) cm de HT.
T suiv. : rabattre les 3 premières et les 3 dernières m. = 42 (44) 46 (50) 52 (54) 60 (66) m.
Laisser les m. en attente et tricoter une **autre manche** identique.

Puis **réunir les manches et le corps** ainsi :
placer 1 repère (= début T), les m. de la **manche gauche**, placer 1 repère, les m. du **devant**, placer 1 repère, les m. de la **manche droite**, placer 1 repère, les m. du **dos** = 212 (224) 236 (256) 264 (276) 292 (312) m.

➡

Fillette : KlompeLOMPE
Tynn Merinoull, coloris 4236

Pour les **raglans**, diminuer ainsi :
T suiv. : 1 dim., *à l'end. jusqu'au repère suiv., 1 SS, 1 dim.*. Répéter *–* jusqu'à 2 m. du bord, 1 SS = 8 m. diminuées.
Répéter ces dim. ts les T.

Au total, répéter 11 (11) 13 (15) 16 (17) 18 (20) fs ces dim.
T suiv., pour l'**encolure du devant** : 32 (35) 32 (33) 31 (32) 35 (37) m. end., rabattre 18 (20) 22 (22) 26 (26) 28 (28) m., terminer le T à l'end.
Couper le fil.

Reprendre sur le demi-devant droit et continuer en aller-retour.
R suiv. (sur l'end. du trav.) : 1 dim., à l'end. jusqu'à 2 m. du bord (sans oublier les dim. des raglans), 1 dim.
Répéter ces dim. ts les T.

Après 15 (15) 17 (19) 20 (21) 22 (24) fs les dim. des raglans (dont celles avant l'encolure).

R suiv. (env. du trav.) : à l'env.

R suiv. : à l'end. en relevant des m. sur les m. rabattues de l'encolure.
Tricoter 1 T à l'end. en s'arrangeant pour avoir 90 (92) 100 (104) 104 (108) 116 (120) m.

BORDURE D'ENCOLURE

Avec l'aig. circ. n°2,5, tricoter 8 T en côtes 1/1 (= alterner 1 m. end. et 1 m. env.) en rabattant les m. lors du dernier T.

Rentrer les fils.
Mettre en forme à la vapeur ou dans un linge humide.

Col d'Hedvig

Niveau 2

Ce col peut facilement agrémenter un pull ou une robe.

TAILLES
(6-18 mois) 2-4 ans (5-8 ans)
FIL
KlompeLOMPE Tynn Merinoull, coloris 1013
QUANTITÉ DE FIL
50 g ou reste de pelote
AIGUILLES
Circulaires n°2,5 et n°3, 80 cm
Crochet n°3
ÉCHANTILLON
27 mailles & aiguilles n°3 = 10 cm

Tricoter selon la technique «magic loop».

DEMI-COL

Monter (39) 43 (45) m. avec l'aig. circ. n°3. Tricoter 1 T à l'end., en relevant autant de m. sur les m. montées = (78) 86 (90) m.
Continuer avec l'aig. circ. n°2,5 avec la technique «magic loop».
Placer 1 repère de chaque côté, pour distinguer le dos du devant.
Le début du T commence au niveau de l'encolure du dos.

NOTE: répartir régulièrement les aug., MAIS sans les placer les unes au-dessus des autres.

Tricoter 1 T à l'end. en répartissant 6 aug. (3 sur le devant et 3 sur le dos). Tricoter 1 T à l'end.
Au total, répéter 6 fs *–*
= (114) 122 (126) m.

T suiv.: à l'end. en répartissant 3 aug. avant le repère, 1 SS, 2 m. end., 1 dim., terminer le T à l'end. en répartissant 3 aug.

T suiv.: à l'end. jusqu'à 3 m. avant le repère, 1 SS, 2 m. end., 1 dim., terminer le T à l'end.

T suiv.: 1 m. end., 1 dim., à l'end. en répartissant 3 aug. avant le repère, 1 SS, 2 m. end., 1 dim., à l'end. en répartissant 3 aug. jusqu'à 3 m. avant le repère, 1 SS, 1 m. end.

T suiv.: 1 m. end., 1 dim., à l'end. jusqu'à 3 m. avant le repère, 1 SS, 2 m. end., 1 dim., à l'end. jusqu'à 3 m. avant le repère, 1 SS, 1 m. end.

Avec 1 aig. à laine, assembler les m. du devant et du dos ainsi:
Aig. à l'avant: piquer l'aig. à laine dans la 1re m. par l'avant et dans la 2de m. par l'arrière. Lâcher la 1re m.
Aig. à l'arrière: piquer l'aig. à laine dans la 1re m. par l'avant et dans la 2de m. par l'arrière. Lâcher 1 m.
Répéter sur ttes les m.

Tricoter un **autre demi-col** identique.
Assembler les demi-cols UNIQUEMENT sur le devant (voir photo p. 86).

Pour les **cordons**, crocheter 16 cm en m. air, tourner et revenir le long de la chaînette par autant de m.c. Faire un autre cordon identique et les fixer aux extrémités du dos du col.

Rentrer les fils et mettre en forme à la vapeur.

Bonnet de John

Niveau 1

Un bonnet simple.
À réaliser en une seule soirée.

TAILLES
(6-12 mois) 1-3 ans (3-6 ans)
8-14 ans (femme) homme

FIL
KlompeLOMPE SPØT, coloris 9573
et Sandnes garn Børstet Alpakka,
coloris 8264

QUANTITÉ DE FIL
KlompeLOMPE SPØT : 50 g
et Sandnes garn Børstet Alpakka :
50 g, pour toutes les tailles

AIGUILLES
Circulaires n°4 et n°5, 40 cm
Jeu d'aiguilles à 2 pointes n°5

ÉCHANTILLON
16 mailles & aiguilles n°5 = 10 cm

Monter (60) 60 (66) 66 (72) 72 m. avec l'aig. circ. n°4 et 1 fil de chaque qualité pris ensemble. Fermer en rond. Tricoter 5 T à l'end., 1 T à l'env. = bordure.

Continuer avec l'aig. circ. n°5.

Tricoter en jersey en rond jusqu'à (11) 12 (14) 15 (16) 18 cm depuis le T env.

T suiv. : *4 m. end., 1 dim.*, répéter *–* tt le T
= (50) 50 (55) 55 (60) 60 m.
Tricoter 3 T à l'end.

T suiv. : *3 m. end., 1 dim.*, répéter *–* tt le T
= (40) 40 (44) 44 (48) 48 m.
Tricoter 2 T à l'end.

T suiv. : *6 m. end., 1 dim.*, répéter *–* jusqu'à (0) 0 (4) 4 (0) 0 m. du bord, (0) 0 (4) 4 (0) 0 m. end.
= (35) 35 (39) 39 (42) (42) m.
Tricoter 1 T à l'end.

T suiv. : *5 m. end., 1 dim.*, répéter *–* jusqu'à (0) 0 (4) 4 (0) 0 m. du bord, (0) 0 (4) 4 (0) 0 m. end.
= (30) 30 (34) 34 (36) 36 m.
Tricoter 1 T à l'end.

T suiv. : *4 m. end., 1 dim.*, répéter *–* jusqu'à (0) 0 (4) 4 (0) 0 m. du bord, (0) 0 (4) 4 (0) 0 m. end.
= (25) 25 (29) 29 (30) 30 m.

T suiv. : *3 m. end., 1 dim.*, répéter *–* jusqu'à (0) 0 (4) 4 (0) 0 m. du bord, (0) 0 (4) 4 (0) 0 m. end.
= (20) 20 (24) 24 (24) 24 m.

T suiv. : *2 m. end., 1 dim.*, répéter *–* tt le T.
= (15) 15 (18) 18 (18) 18 m.

T suiv. : *1 dim.*, répéter *–* jusqu'à (1) 1 (0) 0 (0) 0 m. du bord, (1) 1 (0) 0 (0) 0 m. end.
= (8) 8 (9) 9 (9)9 m.

Couper le fil et le passer dans les m. du dernier T pour resserrer.

Rentrer les fils.

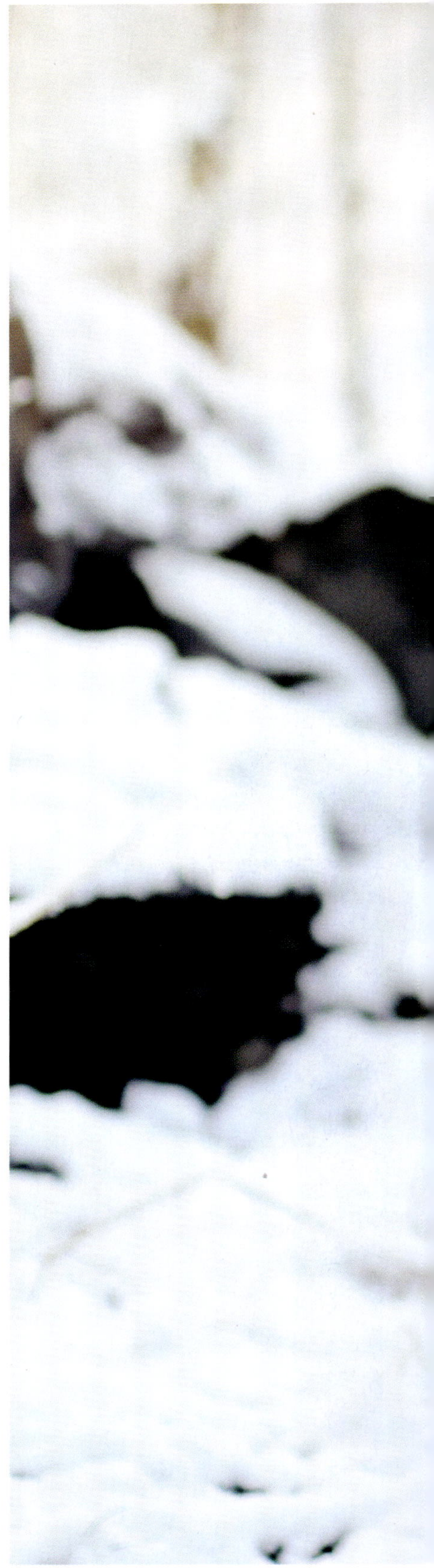

Rose de Noël

Niveau 2

C'est sans conteste la fleur la plus belle pour Noël.
Ce modèle a été conçu pour être suspendu au sapin,
posé sur la table de Noël, ou comme déco sur un cadeau.

DIMENSION
± 13 cm
FILS
KlompeLOMPE Tynn Merinoull coloris 1013
(broderie : KlompeLOMPE SPØT, coloris 2034 et 9554)
QUANTITÉ DE FIL
50 g ou un reste de pelote
AIGUILLE
Circulaire n°2,5, 80 cm.
ÉCHANTILLON
30 mailles & aiguilles n°2,5 = 10 cm

PÉTALES

Monter 8 m. avec le fil Tynn Merinoull.
Tricoter 1 T à l'end.

T suiv. : *1 aug. (= 2 m. en 1)*, répéter *–* tt le T = 16 m.
Tricoter 1 T à l'end.

T suiv. *2 m. end., 1 aug.I*, répéter *–* tt le T = 24 m.
Tricoter 4 T à l'end.

T suiv. : *3 m. end., 1 aug.I*, répéter *–* tt le T = 32 m.
Tricoter 10 T à l'end.

T suiv. : *2 m. end., 1 dim.*, répéter *–* tt le T = 24 m.
Tricoter 3 T à l'end.

T suiv. : *1 m. end., 1 dim.*, répéter *–* tt le T = 16 m.
Tricoter 1 T à l'end.

T suiv. : *1 dim.*, répéter *–* tt le T = 8 m.
Tricoter 1 T à l'end.

Couper le fil et le passer dans les m. du dernier T pour resserrer.

Au total, tricoter **5 pétales** identiques.

Les repasser légèrement à la vapeur.
Froncer le bas des pétales, les disposer légèrement en quinconce (voir photo) et les coudre avec le fil Tynn Merinoull.

CŒUR DE LA FLEUR

Avec le col. vert, broder des pts lancés au centre de la fleur.
Avec le col. jaune, broder des pts de nœud.
Ajouter quelques pts de nœud avec le fil Tynn Merinoull (facultatif).

POINT DE NŒUD

Sortir l'aig., entourer le fil 3 fs autour de l'aig. et piquer juste à côté (voir photos ci-contre), tirer le fil.

Moufles de Julian

Niveau 2

Réalisées en côtes 1/1 au niveau des poignets
pour un meilleur ajustement, ces moufles sont tricotées
avec le fil pris en double pour être plus chaudes et confortables.

Tailles
(1-2 ans) 3-6 ans (8-12 ans)
femme (homme)
Fil
KlompeLOMPE SPØT, coloris 6051
Quantité de fil
(50) 100 (100) 150 (150) g
Aiguilles
Jeux d'aiguilles à 2 pointes n°3,5
et aiguille circulaire n°5
Échantillon
17 mailles et & aiguilles n°5 = 10 cm

Le début des T est situé sur le côté. Tricoter avec le fil pris en double.

Monter (26) 30 (34) 34 (38) m. avec l'aig. circ. n°3,5. Tricoter en rond, en plaçant 1 repère de chaque côté.
Tricoter 2 barres au pt mousse (1 barre = 1 T env. + 1 T end.).
Tricoter (3) 4 (4) 5 (5) cm en jersey en rond (= JER).

Tricoter (10) 14 (18) 18 (18) T en côtes 1/1 (= alterner 1 m. end. et 1 m. env.).

Continuer avec l'aig. circ. n°5. Tricoter en JER jusqu'à (12) 14 (17) 18 (20) cm. Puis, continuer ainsi :

MOUFLE GAUCHE

Tricoter les (13) 15 (17) 17 (19) m. du **devant**, puis (9) 10 (12) 11 (13) m. end., tricoter les (3) 4 (4) 5 (5) m. suiv. avec 1 fil annexe, remettre ces (3) 4 (4) 5 (5) m. sur l'aig. gauche et les tricoter à l'end., 1 m. end.

MOUFLE DROITE

Tricoter les m. (13) 15 (17) 17 (19) du **devant**, puis 1 m. end., tricoter les (3) 4 (4) 5 (5) m. suiv. avec 1 fil annexe, remettre ces (3) 4 (4) 5 (5) m. sur l'aig. gauche et les tricoter à l'end., (9) 10 (12) 11 (13) m. end.

Tricoter en JER jusqu'à (17) 21 (26) 28 (31) cm de HT.
T suiv. : *1 m. end., 1 dim., à l'end. jusqu'à 3 m. du repère, 1 SS, 1 m. end.*, répéter *–* pour le **dos**.
Répéter ces dim. sur ts les T jusqu'à ce qu'il reste 10 m.
T suiv. : *1 dim., 1 m. end., 1 SS*, répéter *–* pour le **dos**.
Couper le fil et le passer dans les m. du dernier T pour resserrer.

POUCE

Relever des m. autour du fil annexe ainsi : (3) 4 (4) 5 (5) m. au-dessus, 1 m. sur le côté, (3) 4 (4) 5 (5) m. en dessous, 1 m. sur le côté = (8) 10 (10) 12 (12) m.

Retirer le fil annexe et tricoter en rond.
Après (4) 5 (6) 7 (7) cm en JER, tricoter les m. 2 par 2 sur tt le T.
Couper le fil et le passer dans les m. du dernier T pour resserrer.

Rentrer les fils.
Mettre en forme dans un linge humide.

Veste de Julian

Niveau 2

Voici une veste longue, tricotée avec du fil pris en double toute douillette par temps de grands froids.

Tailles
(1) 2 (4) 6 (8) 10 (12) 14 ans

Fil
KlompeLOMPE SPØT, coloris 9573

Quantité de fil
(250) 300 (350) 400 (450)
500 (550) 600 g

Aiguilles
Circulaires n°4 et n°5, 80 cm

Échantillon
17 mailles & aiguilles n°5 = 10 cm

Dimensions
Tour de poitrine : ± (60,5) 63 (65) 72 (76) 83 (84) 89 cm
Hauteur totale : ± (37,5) 40,5 (45,5) 52 (56) 60 (64,5) 67,5 cm

Se tricote en aller-retour de haut en bas, avec le fil pris en double.

EMPIÈCEMENT

Monter (57) 61 (65) 69 (71) 75 (77) 77 m. avec l'aig. circ. n°4.

Notes (non précisé par la suite) :

- pour les **bordures**, toujours tricoter les 4 premières et 4 dernières m. à l'end. (= pt mousse).
- réaliser des **boutonnières** sur le côté gauche ainsi : 1 m. end., 1 dim., 1 jeté, 1 m. end., terminer le R. Au total, répartir (7) 7 (8) 8 (9) 9 (9) 10 boutonnières avec la 1re au milieu des côtes 1/1.

Tricoter (10) 10 (10) 12 (12) 12 (14) 14 R en côtes 1/1 (= alterner 1 m. end. et 1 m. env.), entre les bordures.

Continuer avec l'aig. circ. n°5, en jersey end. à la place des côtes 1/1.
R suiv., pour les **raglans** : (11) 11 (12) 13 (14) 15 (15) 16 m. end., 1 aug.I, 1 m. end. (repère raglan), 1 aug.I, (6) 8 (8) 8 (8) 8 (8) 6 m. end. (= **manche**), 1 aug.I, 1 m. end. (repère raglan), 1 aug.I, (19) 19 (21) 23 (23) 25 (27) 29 m. end., 1 aug.I, 1 m. end. (repère raglan), 1 aug.I, (6) 8 (8) 8 (8) 8 (8) 6 m. end. (= **manche**), 1 aug.I, 1 m. end. (repère raglan), 1 aug.I, (11) 11 (12) 13 (14) 15 (15) 16 m. end.

Tricoter les m. repères à l'end. sur l'end. et à l'env. sur l'env. du trav.

Au total, répéter (12) 13 (13) 15 (16) 18 (18) 19 fs ce R d'aug. ts les 2 R = (153) 165 (169) 189 (199) 219 (221) 229 m.

Tricoter (0) 0 (0) 0 (0) 2 (4) 4 R (sans aug.).

R suiv. (sur l'end. du trav.) : à l'end., tt en plaçant les m. des manches en attente (m. repères incluses) sur 1 aig. aux. et en montant 7 m. sous chaque aisselle.

BAS DEVANT ET DOS

Il reste (103) 107 (111) 123 (129) 141 (143) 151 m.
Tricoter en jersey jusqu'à (33) 36 (41) 47 (51) 55 (59) 62 cm de HT.

Continuer avec l'aig. circ. n°4.
Tricoter (10) 10 (10) 12 (12) 12 (14) 14 R en remplaçant le jersey end. par des côtes 1/1, entre les bordures.
Rabattre les m. lors du dernier R.

MANCHES

Monter 4 m. sur l'aig. circ. n°5, tricoter les (32) 36 (36) 40 (42) 46 (46) 46 m. en attente, et monter 3 m. = (39) 43 (43) 47 (49) 53 (53) 53 m.
Continuer en jersey en rond (selon la technique « magic loop »), MAIS en tricotant la 1re m. à l'env. (= repère début de T, milieu aisselle).

Après 4 cm, pour le **biais**, diminuer ainsi :
T suiv. : 1 m. env. (repère), 1 dim., à l'end. jusqu'à 2 m. du repère, 1 SS.

Répéter (6) 7 (7) 9 (9) 11 (11) 11 fs ce T de dim. ts les 5 cm = (27) 29 (29) 29 (31) 31 (31) 31 m.
Tricoter jusqu'à (19) 22 (25) 27 (31) 34 (35) 37 cm.

Avec l'aig. circ. n°4 tricoter (10) 10 (10) 12 (12) 12 (14) 14 T en côtes 1/1, en diminuant la m. repère lors du 1er T et en rabattant ttes les m. lors du dernier T.

Rentrer les fils.
Fermer l'ouverture des aisselles.
Coudre les boutons en face des boutonnières.

Mettre en forme à la vapeur ou dans un linge humide.

Cardigan de Maman

Niveau 2

Ce modèle, léger et confortable a été tricoté en une seule pièce.

Tailles
(XS–S) M–L (XL)
Fil
Sandnes garn Tynn Silk Mohair, coloris 6707
Quantité de fil
(175) 200 (225) g
Aiguille
Circulaire n°5, 80 cm
Échantillon
16 mailles & aiguilles n°5 = 10 cm
Dimensions
Tour de poitrine : ± (101) 116 (131) cm
Hauteur totale : ± (57) 60 (65) cm

Se tricote en une seule pièce, en commençant par le bas du dos.

Monter (81) 93 (105) m. avec le fil pris en double. Tricoter en côtes 1/1 en R (= alterner 1 m. end. et 1 m. env.) pendant 6 cm. Continuer en jersey end. en R jusqu'à (41) 43 (46) cm de HT.

Puis, pour les **manches** (sur l'end. du trav.) : monter 12 m., tricoter ces nouvelles m. et les autres à l'end., monter 12 m. Tourner, à l'env., monter 12 m. Au total, répéter 6 fs *monter 12 m.* de chaque côté = (225) 237 (249) m. (pour avoir 72 m. par manche). Toujours tricoter les 9 m. de chaque extrémité à l'end. (= pt mousse, poignets), et en jersey end. entre les bordures.

Continuer en côtes 1/1 (bordure d'encolure), en jersey et pt mousse (poignet).
Tricoter pendant (22) 24 (28) cm depuis l'extrémité de la manche.
Puis rabattre 12 m. au début de chaque R jusqu'à avoir rabattu les 72 m. de la manche.

Continuer en jersey et côtes 1/1 jusqu'à (35) 37 (40) cm depuis le dessous de la manche.
Mais, simultanément à 5 cm depuis l'aisselle, pour le **biais**, sur l'end. du trav. :
R suiv. : tricoter jusqu'à 2 m. du bord, 1 aug.I, 2 m. end.
Au total, répéter (10) 11 (12) fs ce R d'aug. ts les 3 cm.

R suiv. (env. du trav.) : 1 dim. env., terminer le R.
R suiv. : tricoter jusqu'à 2 m. du bord, 1 dim.
Continuer les dim. ts les R jusqu'à avoir 12 m. (y compris les 11 m. en côtes 1/1).
Relever des m. sur les m. diminuées (1 par m.) et tricoter 6 cm en côtes 1/1 sur l'ensemble des m.
Rabattre les m. au dernier R.

Poursuivre en jersey et pt mousse jusqu'à (11) 12 (14) cm de hauteur depuis le début des manches.
R suiv. : tricoter (94) 100 (106) m. end. sur 1 aig. aux. (= **demi-devant**), rabattre 37 m. (= **encolure dos**), tricoter (94) 100 (106) m. end. (= **demi-devant**).
Laisser les m. en attente.

Monter 11 m. sur l'aig. circ. n°5.
Tricoter en côtes 1/1 pendant 11 cm. Laisser en attente.

Faire une **autre bande** identique.

Tricoter les demi-devants séparément, en commençant par le **demi-devant droit** (tel que porté).
Tricoter 2 R en jersey end., tt en diminuant 1 m. côté encolure sur l'end. du trav.

R suiv. (env. du trav.) : 9 m. end. (= bordure poignet), à l'env., puis les 11 m. d'1 bande en côtes 1/1.

Tricoter le **demi-devant gauche** en vis-à-vis ; soit en commençant par les 11 m. de l'autre bande avant de tricoter les m. du demi-devant.

Coudre le dessous des manches, les bords de l'encolure et les côtés.

Rentrer les fils.
Mettre en forme à la vapeur ou dans un linge humide.

Chaussettes d'hiver

Niveau 2

Excellente manière de réchauffer des pieds tout froids.

Tailles
(0–2 mois) 3–6 mois (9–12 mois)
1–2 ans (3–4 ans) 5–6 ans (7–10 ans)
femme (homme)
Pointures correspondantes :
(-) - (19–21) 22–23 (23–25) 26–28
(30–34) 36–40 (41–44)

Fil
KlompeLOMPE SPØT, coloris 1013

Quantité de fil
(50) 50 (50) 50 (50) 100 (100) 100
(100) g

Aiguille
Circulaire n°3,5, 80 cm

Échantillon
22 mailles & aiguilles n°3,5 = 10 cm

Abréviations particulières
E = maille endroit
V = maille envers
ttv = tourner le travail

Se commence par la tige.

TIGE

Monter (26) 30 (34) 34 (38) 42 (46) 50 (54) m. Fermer en rond et tricoter (8) 8 (10) 12 (13) 13 (13) 16 (18) cm en côtes 1/1 (= alterner 1 m. end. et 1 m. env.) avec la technique « magic loop » (ou utiliser 1 jeu d'aig. à 2 pointes).
Tricoter (2) 2 (2) 2 (3) 3 (3) 4 (5) T à l'end.

Conseil : après avoir tourné le trav., faire 1 jeté et serrer le fil avant de continuer.

TALON

tailles (0-2 mois) 3-6 mois

Pour le **talon** : 8 E, ttv, 16 V, ttv, 15 E, ttv, 14 V, ttv, 13 E, ttv, 12 V, ttv, 6 E.
Tricoter 1 T à l'end.

Pour le **talon** : 6 E, ttv, 12 V, ttv, 13 E, ttv, 14 V, ttv, 15 E, ttv, 16 V, ttv, 8 E.

Tailles (9–12 mois) 1–2 ans

Pour le **talon** : 9 E, ttv, 18 V, ttv, 17 E, ttv, 16 V, ttv, 15 E, ttv, 14 V, ttv, 13 E, ttv, 12 V, ttv, 6 E.
Tricoter 1 T à l'end.

Pour le **talon** : 6 E, ttv, 12 V, ttv, 13 E, ttv, 14 V, ttv, 15 E, ttv, 16 V, ttv, 17 E, ttv, 18 V, ttv, 9 E.

Tailles (3–4 ans) 5–6 ans (7–10 ans)

Pour le **talon** : 11 E, ttv, 22 V, ttv, 21 E, ttv, 20 V, ttv, 19 E, ttv, 18 V, ttv, 17 E, ttv, 16 V, ttv, 15 E, ttv, 14 V, ttv, 13 E, ttv, 12 V, ttv, 6 E.
Tricoter 1 T à l'end.

Pour le **talon** : 6 E, ttv, 12 V, ttv, 13 E, ttv, 14 V, ttv, 15 E, ttv, 16 V, ttv, 17 E, ttv, 18 V, ttv, 19 E, ttv, 20 V, ttv, 21 E, ttv, 22 V, ttv, 11 E.

Tailles femme (homme)

Pour le **talon** : 13 E, ttv, 26 V, ttv, 25 E, ttv, 24 V, ttv, 23 E, ttv, 22 V, ttv, 21 E, ttv, 20 V, ttv, 19 E, ttv, 18 V, ttv, 17 E, ttv, 16 V, ttv, 15 E, ttv, 14 V, ttv, 13 E, ttv, 12 V, ttv, 6 E.
Tricoter 1 T à l'end.

Pour le **talon** : 6 E, ttv, 12 V, ttv, 13 E, ttv, 14 V, ttv, 15 E, ttv, 16 V, ttv, 17 E, ttv, 18 V, ttv, 19 E, ttv, 20 V, ttv, 21 E, ttv, 22 V, ttv, 23 E, ttv, 24 V, ttv, 25 E, ttv, 26 V, ttv, 13 E.

Pour toutes les tailles
Tricoter en jersey en rond jusqu'à ce que le pied mesure (4,5) 6,5 (8,5) 10,5 (12,5) 15,5 (17,5) 21,5 (25,5) cm (mesuré sous le pied, en partant du début du talon/côtes 1/1).

NOTE : 1 barre = 1 T à l'env. + 1 T à l'end.

Tricoter 3 barres et 1 T à l'env.

POINTE DU PIED

T suiv. : *1 E, 1 dim.*, répéter *–* jusqu'à (2) 0 (1) 1 (2) 0 (4) 2 (0) m. du bord, (2) 0 (1) 1 (2) 0 (4) 2 (0) E.
Tricoter 1 T à l'env.

T suiv. : *1 dim.*, répéter *–* jusqu'à (0) 0 (1) 1 (0) 0 (0) 0 (0) m. du bord, (0) 0 (1) 1 (0) 0 (0) 0 (0) E.
Tricoter 1 T à l'env.

T suiv. : *1 dim.*, répéter jusqu'à (1) 0 (0) 0 (1) 0 (0) 1 (0) m. du bord, (1) 0 (0) 0 (1) 0 (0) 1 (0) E.

Couper le fil et le passer dans les m. du dernier T pour resserrer.

Tricoter une **autre chaussette** identique.

Moufles de Noël feutrées

Niveau 2

Voilà un modèle, simple classique et chaud.

Tailles
(1-2 ans) 3-4 ans (5-7 ans) 8-10 ans (S/M) M/L
Fil
Sandnes garn Tove, coloris 2641
Quantité de fil
(50) 50 (50) 50 (50) 100 g
Aiguilles
Jeu d'aiguilles à 2 pointes n°5 ou circulaire n°5, 80 cm, (« magic loop »)
Échantillon avant feutrage
18/19 mailles & aiguilles n°5 = 10 cm

Les T commencent sur le côté.

Monter (28) 30 (34) 40 (42) 46 m. avec l'aig. circ. n°5. Tricoter 5 barres (1 barre = 1 T à l'env., 1 T à l'end.).

Continuer en jersey en rond. À (12) 15 (15) 15,5 (18) 20 cm, faire l'ouverture du pouce ainsi :

MOUFLE DROITE

1 m. end., (6) 6 (7) 7 (7) 8 m. end. avec 1 fil contrastant. Remettre ces (6) 6 (7) 7 (7) 8 m.

sur l'aig. gauche, les tricoter à l'end, et tricoter les autres m. du T à l'end.

MOUFLE GAUCHE

(7) 8 (9) 12 (13) 14 m. end., (6) 6 (7) 7 (7) 8 m. end. avec 1 fil contrastant, remettre ces (6) 6 (7) 7 (7) 8 m. sur l'aig. gauche les tricoter à l'end, et tricoter les autres m. du T à l'end.

Tricoter en jersey en rond jusqu'à (18,5) 23 (26) 28 (31) 34 cm. Placer 1 repère de chaque côté.

T suiv. : *1 SS, à l'end. jusqu'à 2 m. du repère, 1 dim.*, répéter *–* = 4 m. diminuées.

Au total, répéter 2 fs ces dim. ts les 2 T, puis (3) 4 (5) 6 (7) 8 fs ts les T = (8) 6 (6) 8 (6) 6 m.

Couper le fil et le passer dans les m. du dernier T pour resserrer.

POUCE

Relever (6) 6 (7) 7 (7) 8 m. sur le dessous du fil contrastant et (6) 6 (7) 7 (7) 8 m. sur le dessus du fil contrastant. Retirer le fil contrastant. Tricoter ces (12) 12 (14) 14 (14) 16 m. en jersey en rond pendant (5) 5,5 (6) 6,5 (7) 8 cm.
Au T suiv., tricoter les m. 2 par 2. Couper le fil et le passer dans les m. du dernier T pour resserrer.

Rentrer les fils.

FEUTRAGE

Laver les moufles à la machine à 40°C avec de la lessive classique. Les mettre en forme encore humides.
Pour rétrécir davantage la taille, les passer dans le sèche-linge, en les sortant régulièrement jusqu'à obtenir la taille voulue.

Manteau d'Hedvig

Niveau 2

De forme classique, ce manteau entièrement réalisé avec du fil pris en double, est malgré tout original avec des boutons tricotés.
Un modèle parfait pour des activités en extérieur.

TAILLES
(6-9 mois) 1 (2) 4 (6) 8 (10) 12 ans

FILS
KlompeLOMPE SPØT, coloris 1013 et KlompeLOMPE Tynn Merinoull, coloris 1013

QUANTITÉ DE FIL
KlompeLOMPE SPØT : (250) 250 (300) 300 (350) 400 (450) 500 g
KlompeLOMPE Tynn Merinoull : (200) 200 (250) 250 (250) 300 (300) 350 g

AIGUILLES
Circulaires n°5, 60 cm et 80 cm
Circulaire n°3,5, 80 cm
(aiguilles n°2,5 pour les boutons).

ÉCHANTILLON
18 mailles & aiguilles n°5 = 10 cm

DIMENSIONS
Tour de poitrine : ± (60) 63 (65,5) 69 (73) 78 (79) 83 cm
Hauteur totale : ± (36) 40 (43) 46 (49) 53 (58) 62 cm

Se tricote de bas en haut en aller-retour.

BAS DU CORPS

Monter (168) 176 (184) 190 (204) 216 (224) 236 m. avec l'aig. circ. n°5 et 1 fil de chaque qualité pris ensemble.
Pour l'**ourlet**, tricoter 9 R en jersey end.
Tricoter 1 R à l'end. sur l'env. du trav. (= pliure).
Tricoter 10 R en jersey end.
R suiv. : plier selon le R env. et tricoter le R à l'end. en prenant les m. de l'aig. et les m. du montage ensemble (si c'est trop difficile, faire la couture de l'ourlet à la fin).
Tricoter en jersey jusqu'à (24) 27 (29) 30 (32) 34 (38) 40 cm depuis le pli d'ourlet.
R suiv. (sur l'end. du trav.) : (39) 41 (41) 44 (45) 47 (45) 47 m. end., (45) 47 (51) 51 (57) 61 (67) 71 dim., (39) 41 (41) 44 (45) 47 (45) 47 m. end. = (123) 129 (133) 139 (147) 155 (157) 165 m.

Tricoter en jersey jusqu'à (26) 29 (32) 34 (36) 39 (43) 46 cm.

R suiv., sur l'end. du trav. : (31) 33 (34) 35 (37) 39 (40) 42 m. end. (= **demi-devant**), rabattre 6 m. (= aisselle), (49) 51 (53) 57 (61) 65 (65) 69 m. end. (= **dos**), rabattre 6 m. (= aisselle), (31) 33 (34) 35 (37) 39 (40) 42 m. end. (= **demi-devant**).

Laisser les m. en attente sur des aig. séparées.

MANCHES

Monter (32) 32 (34) 34 (34) 36 (36) 36 m. avec l'aig. circ. n°5, et 1 fil de chaque qualité pris ensemble.
Tricoter 6 T à l'end.
Tricoter 1 T à l'env. (= pliure).
Tricoter 6 T à l'end.
Tricoter 1 T à l'end. en prenant les m. de l'aig. et les m. du montage ensemble (ou coudre l'ourlet à la fin).

T suiv. : 1 m. end., 1 aug.I, à l'end. jusqu'à 1 m. du bord, 1 aug.I, 1 m. end.

Tricoter en jersey en rond (= JER) jusqu'à (10) 11 (12) 12 (13) 13 (13) 14 cm depuis la pliure de l'ourlet. Puis augmenter à nouveau.

Tailles 4 (6) 8 (10) 12 ans :
Tricoter (-) - (-) 10 (10) 10 (10) 10 cm en JER et répéter les aug.

Tailles 8 (10) 12 ans :
Tricoter (-) - (-) - (-) 10 (10) 10 cm en JER et répéter les aug.

KlompeLOMPE SPØT, coloris 6871
et KlompeLOMPE Tynn Merinoull,
coloris 6571

Tricoter en JER jusqu'à (19) 21 (25) 30 (33) 36 (39) 42 cm depuis la pliure d'ourlet.

T suiv. (aisselles):
rabattre les 3 premières
et les 3 dernières m.
Laisser en attente et tricoter une **autre manche** identique.

Réunir les manches et le corps

(sur l'env. du trav.) par 1 R à l'env., tt en plaçant 1 repère entre chaque élément (= 4 repères pour les raglans).

Tailles (6-9 mois) 1 (2) 4 (6) ans:

R suiv. (end. du trav.): à l'end. jusqu'au dos, *1 m. end., 1 dim.*, répéter *–* sur le dos jusqu'à (1) 0 (2) 0 (1) m. du repère, terminer à l'end.

Tailles 8 (10) 12 ans:

R suiv. (end. du trav.): à l'end. jusqu'au dos, *2 m. end., 1 dim.*, répéter *–* sur le dos jusqu'à 1 m. du repère, terminer à l'end.

Tricoter 1 R à l'env.

Poursuivre les **raglans** sur chaque R sur l'end. du trav. ainsi:
R suiv.: *à l'end. jusqu'à 2 m. du repère, 1 dim., 1 SS*, répéter *–* pour chaque repère, terminer à l'end.

Répéter (10) 11 (11) 12 (13) 14 (15) 16 fs les dim. des raglans.

Encolure des demi-devants:
R suiv. (sur l'env. du trav.): rabattre 15 m. à l'env., terminer le R à l'env.
R suiv.: rabattre 15 m. à l'end., terminer le R à l'end.
Tricoter 1 R à l'env.

R suiv.: 1 dim., à l'end. (ne pas oublier les dim. des raglans) jusqu'à 2 m. du bord, 1 dim.

Au total, répéter (13) 14 (14) 15 (16) 17 (18) 19 fs les dim. des raglans sur l'end. du trav. Couper le fil.

COL

Sur l'env. du trav., relever 3 m. sur les 3 dernières des 15 m. rabattues; ensuite, relever successivement 3 m., puis 2 m. sur l'arrondi d'encolure, tricoter les m. de l'aig. à l'end., relever successivement 2 m., puis 3 m. sur l'arrondi d'encolure et enfin 3 m. sur les 3 premières des 15 m. rabattues.

Tricoter 1 R à l'env.

R suiv. : répartir uniformément
5 aug. à 6 m. des bords.
Tricoter 1 R à l'env.
Au total, répéter 5 fs les aug. sur l'end. du trav.

Tricoter 1 R à l'end. sur l'env. du trav.

Tricoter 1 R à l'end.,
tt en répartissant uniformément
5 dim. à 6 m. des bords.
Tricoter 1 R à l'env.
Au total, répéter 5 fs ces dim. sur l'end. du trav.

Tricoter 1 R à l'env.
tt en rabattant les m.

Replier le col et coudre solidement, m. par m. (MAIS pas trop serré). Fermer également les bords latéraux.

DOUBLURES ET DÉCORATIONS

Pour chaque demi-devant, avec l'aig. circ. n°3,5 et le fil KlompeLOMPE SPØT, relever régulièrement des m. du bord du col jusqu'au bord de l'ourlet sur l'env. du trav. Tricoter 9 cm en jersey en R avant de rabattre les m.

Coudre les bords de chaque bande à pts cachés à l'intérieur des demi-devants.

Rentrer les fils et coudre 6 boutons-pression.
Pour les 8 boutons décoratifs sur la face externe du manteau, utiliser des boutons à recouvrir ou des boutons classiques de 18 mm à dos incurvé.

Mettre en forme à la vapeur (ou dans un linge humide).

COUVERTURE DES BOUTONS

Utiliser le fil KlompeLOMPE SPØT pour les boutons à recouvrir, et SPØT ou KlompeLOMPE Tynn Merinoull pour les boutons classiques.

Monter 5 m. avec les aig. n°2,5. Tricoter 1 R à l'end. et 1 R à l'env.
R suiv. : 1 m. end., 1 aug.I,
3 m. end., 1 aug.I, 1 m. end.
Tricoter 1 R à l'env.

R suiv. : 1 m. end., 1 aug.I,
5 m. end., 1 aug.I, 1 m. end.
Tricoter 3 R en jersey end. en R.

R suiv. : 1 dim., 5 m. end., 1 dim.
Tricoter 1 R à l'env.

R suiv. : 1 dim., 3 m. end., 1 dim.
Rabattre les m. à l'env.

Pour les boutons à recouvrir, suivre les indications de la notice.

Pour les boutons classiques, coudre les boutons.
Passer 1 fil de fronce autour de la couverture du bouton.
Placer le tt, en le centrant, sur le dos du bouton et tirer sur le fil de fronce pour pouvoir l'enrouler autour du bouton.
Sécuriser par quelques pts.
Rentrer les fils.

MARTINGALE

Monter 40 m. avec l'aig. circ. n°3,5 et le fil KlompeLOMPE Tynn Merinoull pris en double. Tricoter à l'end. en rond (selon la technique « magic loop ») pendant 13 cm (14 cm pour les 3 tailles les plus grandes). Rabattre les m.

Fermer les ouvertures. Enrouler le fil au centre pour faire 1 nœud et le coudre au milieu du dos en s'inspirant des photos.

Index

Fils utilisés

KlompeLOMPE SPØT
40 % alpaga, 40 % mérinos, 20 % nylon
135 m / 50 g

KlompeLOMPE Tynn Merinoull
100 % mérinos
175 m / 50 g

Sandnes garn Børstet Alpakka
96 % alpaga, 4 % nylon
110 m / 50 g

Sandnes garn Tynn Silk Mohair
57 % mohair, 28 % soie, 15 % laine
212 m / 25 g

Sandnes garn Tove
100 % laine
160 m / 50 g

Abréviations

aig.	aiguille(s)
aug.	augmentation(s) : 1 m. dans le brin avant et 1 m. dans le brin arrière de la même m.
aug.I	augmentation(s) intercalaire(s) : piquer l'aig. dans le brin horizontal entre 2 m. et le tricoter par le brin arrière.
aux.	auxiliaire(s)
circ.	circulaire(s)
col.	coloris
dim.	diminution(s) : tricoter 2 m. ensemble
end.	endroit
env.	envers
fs	fois
HT	hauteur totale
m.	maille(s)
pt(s)	point(s)
rg(s) ou R	rang(s)
suiv.	suivant(es)
SD	surjet double : glisser 1 m. sur l'aig. droite comme pour la tricoter à l'end., tricoter 2 m. ensemble à l'end., puis passer la m. glissée par-dessus les m. tricotées.
SS	surjet simple : glisser 1 m. sur l'aig. droite comme pour la tricoter à l'end., tricoter la m. suiv. à l'end., puis passer la m. glissée par-dessus la m. tricotée.
T	tour(s)
trav.	travail
ts	tous
tt(es)	tout(es)

Magic loop

Cette technique s'utilise pour du travail en rond sur peu de mailles avec une aiguille circulaire volontairement très longue. Le but est de scinder le nombre de maille en 2 pour pouvoir tricoter chaque tour en 2 temps.
Pour cela, placer la moitié des mailles sur l'aiguille avant (avant le câble reliant les aiguilles) et l'autre partie sur l'aiguille arrière (après le câble).
Les 2 groupes de mailles sont parallèles.
Faire glisser les mailles de l'aiguille avant sur le câble et utiliser l'aiguille avant (ainsi libérée) pour tricoter toutes les mailles de l'aiguille arrière. Ensuite, tirer sur le câble pour faire glisser les mailles du câble sur l'aiguille arrière et placer les mailles de l'aiguille avant sur le câble. Utiliser l'aiguille avant (à nouveau libre) pour tricoter la seconde moitié des mailles du tour.
Continuer selon le même principe à chaque tour.
CONSEIL : pour mieux distinguer les 2 moitiés, placer 1 repère différents entre chaque groupe de mailles.

Remerciements

Merci à Lisa et Maja pour leur univers merveilleux. Nous avons pu créer ainsi toute une gamme de vêtements librement inspirés des illustrations de Lisa.

Merci à l'éditeur pour son enthousiasme similaire au nôtre à l'idée de transcrire l'histoire « Snøsøsteren » (la sœur des Neiges) en tricot.

Merci au rédacteur Solveig et les conceptrices Terese et Anne pour leur collaboration fructueuse.

Merci à Sandnes garn pour leur aide et leur constante proposition de nouveaux fils et coloris pour concrétiser ce livre.

Merci à l'équipe de tricoteuses (tricoteurs) testeuses (testeurs) : Kristin Karlsen, Solveig Askildsen, gro Torunn Utvik, gunnvor Thulin, Lena Yrke, Tina A. Kvilhaug, Tove Kalstø Milje, Line Tangen, Svanhild Andreassen, gunn Nordis Ekornrud, Ingrid H. Hiller, Magnhild Halsnes Hovin, Vibeke Lindtner, Aina Pedersen, Randi Andreassen, Bodhild Bang, Ingebjørg Thorsen, Britt Alise K. Stange, Astrid A. Thorsen, Kristine Leirdal, Lillian H. Johansen, Linda Andreassen, Eva B. Kvalevaag, Marianne Hartwedt, Mary T. Utvik, Åse Osmundsen et Sissel Eikeland.

Merci à nos magnifiques manequins :
Tora, Amelia, Thale, Wina, Olivia, Sarah, Theodor, Bjørn Egil, Elina, Malena, Karen, Ludvig, Samuel, Johanna, Helene et Tilda.